Klaus Wagener

222 Ideen mit Zimmerpflanzen

BLOOM'S by Ulmer

Pflanzen für die Seele

Wohlfühlen mit Pflanzen, das ist ganz einfach! Denn wenn es im Haus üppig gedeiht und farbenfroh blüht, sinkt der Stress und die Laune steigt. Grüne Untermieter bringen Natur in die Wohnung und das in jedem Stil, ländlich, romantisch oder puristisch. Damit's gelingt, finden Sie in diesem Buch die wichtigsten Zimmerpflanzen nach botanischen Namen von A bis Z. Wir zeigen die schönsten Gestaltungsideen, geben Pflegetipps, verraten Wissenswertes und sagen, was an welchem Standort gedeiht. Lassen Sie Ihr Zuhause ergrünen und aufblühen!

Dreieckiger Frauenhaarfarn, Venusfarn

Adiantum raddianum

Die zarten, blassgrünen Blättchen sind so fein wie Frauenhaar, das brachte der Familie der Adiantaceae ihren Namen ein. Und genauso ist die Pflanze auch bei der Pflege etwas kapriziös. Werden die mit kleinen Fiederblättchen besetzten Wedel allerdings liebevoll und mit ein paar Kniffen umsorgt, dankt die aus den Regenwäldern der Tropen und Subtropen stammende Pflanze das mit filigraner Anmut.

Die Wärme und die Luftfeuchtigkeit im Badezimmer bekommen dem Frauenhaarfarn besonders gut, genauso wie dem kleinen Schildfarn.

Im Duo machen sie aus jedem Bad eine Wellness-Oase. Der Streifenfarn und der Frauenhaarfarn werden im Topfduo mit Kordeloptik zum Blickfang.

Pflegetipps

Standort: Geben Sie Adiantum raddianum immer ein schattiges und warmes Plätzchen, nicht unter 18 °C. Zugluft verträgt die aus tropischem Klima stammende Pflanze nicht.

Pflege: Gießen Sie das Frauenhaargewächs regelmäßig mit kalkarmem, zimmerwarmem Wasser und übersprühen Sie die zarten Wedel. Noch wirkungsvoller ist es, die Pflanze auf ein feuchtes Kiesbett zu stellen. Gedüngt wird alle zwei Wochen von März bis Ende August mit halber Dosierung.

Extra: Auf das Austrocknen des Wurzelballens reagiert der Frauenhaarfarn mit Braunfärbung und Vertrocknen der Wedel. In diesem Fall können Sie sie dicht über der Wurzel abschneiden. Bei hoher Luftfeuchtigkeit und Wärme treibt die Pflanze neu aus.

Agave

Agave potatorum

Sie ist ein Kind der Wüste, und, als Sukkulente, in ihrem natürlichen Umfeld gewohnt, Wasser in ihren Blättern zu speichern. Das macht die Agave potatorum zu einer pflegeleichten Hausgenossin. Ihre faszinierenden Blattrosetten verleihen ihrer Umgebung einen extravaganten Look.

Gut eingewickelt wird die Agave zum Hingukker im puristischen Ambiente. Nachdem die Wüstenschönheit eingepflanzt wurde, bekommt das Gefäß einen Kragen aus Paketband.

Im natürlich anmutenden Gewirr aus trockenen Lebensbaumzweigen verbirgt sich neben kleinen Agaven auch der Rutenkaktus mit seinen langen schlanken Trieben.

Pflegetipps

Standort: Die Agave potatorum liebt es im Sommer warm und sonnig und kann dann auch draußen sein. Im Winter sollte sie drinnen hell und kühl stehen.

Pflege: Im Sommer gießen Sie maximal einmal pro Woche mäßig, im Winter nur soviel, dass die Erde nicht ganz austrocknet. Gedüngt wird von April bis September 14-tägig.

Extra: Vom meterhohen Riesen bis zur Topfpflanze gibt es etwa 400 Agavenarten. Die Art Agave potatorum wird auch zur Herstellung der mexikanischen Spirituose Mezcal verwendet.

Pfeilblatt, Alokasie, Tropenwurz

Alocasia sanderiana

Eine exotische Grünpflanze von Format! Die Alocasia sanderiana fasziniert mit ihren auffälligen Blättern. Die Pflanze aus der Familie der Aronstabgewächse, Araceae, kommt aus den tropischen Regenwäldern von Borneo über Nordostindien bis Kontinental-Asien und sorgt in jeder Umgebung für raffiniertes Flair.

Ganz schön cool! Stretchfolie, Glaswürfel und ein schlichtes Gefäß aus Glas nehmen die weißen Blattakzente auf und geben der Blattschönheit einen zeitgemäßen Look.

Großer Auftritt für eine Diva. Die auffällige Äderung des Pfeilblatts wird durch die Unterpflanzung aus dunkelroter Smaragdpeperomie und der kontrastreichen Fittonie zusätzlich betont.

Nehmen den Blick gefangen: Pfeilförmige Blätter mit auffälligen Blattadern und gewellten Rändern.

Kontraste sorgen für Spannung bei dem Quartett aus ausdrucksstarker Alocasia sanderiana und Pilea glaucophylla mit ihren zierlichen Blättchen. Verschieden hohe Gefäße setzen die Pflanzen besonders gut in Szene.

Pflegetipps

Standort: Am besten gedeiht die Alocasia sanderiana im Gewächshausklima oder in einem Wintergarten. Verwöhnen Sie sie zuhause mit Wärme, stellen Sie sie hell aber nicht zu sonnig und vermeiden Sie Zugluft. Auch ein Badezimmer mit Fenster ist ideal.

Pflege: Täglich sprühen, regelmäßig gießen, das wünscht sich die Alokasie. Im Sommer sollte sie stets gleichmäßig feucht sein, im Winter darf die Erde nicht ganz austrocknen. Im Sommer alle zwei Wochen dem Gießwasser Flüssigdünger beimischen. Spinnmilben, Woll- und Blattläuse drohen bei trockener Raumluft, bei einem zu kühlen Standort färben sich die Blätter braun.

Echte Aloe

Aloe vera

Schon Cleopatra wusste um die Wirkung der Aloe vera für die Schönheit. Die Legende jedenfalls sagt, dass sie ihr betörendes Aussehen mit dem frischen Blattgel erhielt. Und unsere Großmütter betupften Brandwunden mit dem kühlenden Saft der langsam wachsenden, genügsamen Wüstenpflanze. Ungeachtet ihrer inneren Werte ist die Aloe vera als Zimmerpflanze ein pflegeleichter Blickfang.

Topf in Topf: Im trendigen Outfit ergänzt die schlichte Aloe moderne Möbel: Ein weißer Topf steckt in einem Glasgefäß, das mit papierumwickeltem Draht ummantelt wurde.

Knorrige Weißdornzweige sind um die Aloe herum gesteckt. In einem Duett mattschwarzer Töpfe ist das Arrangement ein Ruhepol für die Augen.

Ganz schön verwickelt, dieses Pflanzenstyling. Die Aloe sitzt in einem gläsernen Topf, der mit Bimsstein-Granulat gefüllt ist und für die attraktive Optik sorgt. Drumherum sind Schnüre aus dem Trendmaterial Filz geknotet.

Starke Kontraste machen aus der optisch zurückhaltenden Pflanze einen Blickfang auf dem Sideboard. Das Schwarz der ausladenden Schale und die roten Stäbe wirken elegant und edel.

Pflegetipps

Standort: Geben Sie Ihrer Aloe vera einen Platz an der Sonne, an dem immer mal frische Luft geht. Im Sommer darf das auch draußen sein. Im Winter sollte sie hell und kühl stehen.

Pflege: Die anspruchslose Wüstenpflanze braucht nur wenig Pflege. Im Sommer gießen Sie sie, wenn die Erde sich trocken anfühlt, von unten mit lauwarmem Wasser und düngen 14-tägig. Im Winter sehr wenig gießen. Die Aloe nicht ansprühen und unbedingt vor Staunässe schützen.

Extra: Nutzen Sie das Pflegeextra Ihrer Aloe-Pflanze. Leichte Hautverletzungen können Sie tatsächlich mit der frischen Schnittfläche eines abgeschnittenen Blatts behandeln.

Flamingoblume

Anthurium Cultivars

Der Faszination ihrer Blüten und Hochblätter kann man sich nicht entziehen. Anthurium aus der Familie der Aronstabgewächse, Araceae, garantieren einen Hauch Exklusivität. Die reizvollen neuen Züchtungen der schönen Kolumbianerin werden von Jahr zu Jahr vielfältiger und variantenreicher.

Kleine weiße Hochblätter mit einem roten Puderhauch und roten Kolben sind doppelt wirkungsvoll in schlichten Gefäßen mit Craquelé-Optik.

Hart trifft zart: Hellrote Anthurium-Hochblätter wirken umso edler in einer raffinierten Topfummantelung aus derber Rinde und groben Beschlägen direkt aus dem Werkzeugkasten.

Ein Kunstwerk, von der Natur geschaffen: Über dem glänzenden Hochblatt ragt der Kolben mit den eigentlichen winzigen Blüten empor.

Sanft heben sich die lachsfarbenen Hochblätter der Anthurie von den dunkelgrünen Blättern und der grauen Rindenumhüllung des Pflanzgefäßes ab. So entstehen Kontraste, die jeden Raum beleben.

Lichtblick! Ein weißer Kübel, weiße Hochblätter und geweißte Zweige leuchten vor dunkelgrünen Blättern und wirken reduziert und edel.

Raffinierter Auftritt für eine raffinierte Pflanze. Eine Anthurium-scherzerianum-Sorte, mit den typischen gewundenen Kolben und gesprenkelten Hochblättern, wurde in Kokosfasern und Metallband gewickelt.

Der lackrote Farbton der Hochblätter wurde mit dem Tablett aufgegriffen. Der Pflanztopf ist von rauem Holz, zusammengefasst mit Gewindestangen, verdeckt.

Pflegetipps

Standort: Stellen Sie Anthurium Cultivars an ein Fenster und schützen Sie die Gewächse vor praller Sonne und Zugluft.

Pflege: Halten Sie die Pflanze gleichmäßig feucht. Sie darf nicht austrocknen und sollte mit kalkarmem, warmem Wasser gegossen werden.

Blüte: Hauptblütezeit ist von Februar bis Mai. Moderne Züchtungen blühen mittlerweile aber das ganze Jahr mit Hochblättern in klassischen rot, in Weiß, Lachs oder mehrfarbig. Halten Sie die Pflanze zur Förderung der Blütenbildung im Winter etwas kühler und trockener.

Sprengers Zierspargel

Asparagus densiflorus 'Sprengeri'

Einst stand er in jedem Blumenfenster, der Zierspargel. Seine Duldsamkeit gegen alle Widrigkeiten ließ ihn ganze Generationen überstehen. Das strauchartige Spargelgewächs, aus subtropischen Wäldern hat keine Blätter. Die Triebe besitzen vielmehr nadelförmige Scheinblätter, die eigentlich umgewandelte Sprosse sind. Modern in Szene gesetzt, bringt der Zierspargel Leichtigkeit in unsere Wohnungen.

Wie eine grüne Skulptur wirkt die üppig wuchernde Pflanze in einem hohen Gefäß und zieht auch an weniger sonnigen Stellen alle Blicke auf sich.

Immer an der Wand lang: Die beiden Körbe aus Wasserhyazinthenfasern mit natürlichem Flair sind mit Zierspargel gefüllt und lockern die weiß geflieste Badezimmerwand auf. Grünes Licht für gute Morgenlaune!

Pflegetipps

Standort: Asparagus densiflorus stellt wenig Ansprüche an den Standort. Er wächst sogar im Schatten. In die pralle Sonne sollten Sie ihn aber nicht stellen.

Pflege: Tauchen Sie im Sommer alle 14 Tage den Wurzelballen in Wasser und düngen Sie genauso oft. Im Winter bei Bedarf gießen. Bei Staunässe können die Wurzelknollen verfaulen. Bei zu hoher Trockenheit kann es zu Spinnmilbenbefall kommen.

Extra: Falls es doch passiert ist und Ihr robuster Zierspargel vertrocknet ist, hilft ein radikaler Schnitt. Alle Wedel ganz kurz kappen und die Pflanze bei feuchter Luft neu austreiben lassen.

Ponyschwanz-Klumpstamm, Elefantenfuß

Beaucarnea recurvata

Ihrem mit zunehmendem Alter sich elefantenfußartig verdickenden Stamm verdankt Beaucarnea recurvata, eine Vertreterin der Drachenbaumgewächse, Dracaenaceae, ihren deutschen Namen. Wegen ihrer Anspruchslosigkeit eifert sie auch mit dem Alter den Dickhäutern nach. Die attraktive Solistin kann in Zimmerkultur über drei Meter groß werden und übersommert gerne auch im Freien.

Was für ein Prachtexemplar! Fünf unterschiedlich hohe Kronen, von denen die höchste bis unter die Decke reicht, bilden den grünen Blickfang des Wohnzimmers. Solch eine Solitärpflanze verwandelt den Raum genauso wie ein wertvolles Kunstwerk.

Niedrig und kompakt, so bildet der Elefantenfuß eine kleine grüne Insel in der Sitzecke. Auch in Hydrokultur gedeiht er gut und kann eine stattliche Größe erreichen.

Pflegetipps

Standort: Beaucarnea recurvata ist eine Sonnenliebhaberin. Verwöhnen Sie sie mit einem Platz am Südfenster. In den Wintermonaten sollte sie nicht zu warm stehen.

Pflege: Die dekorative Pflanze, die aus den Trockengebieten Mexikos stammt, kommt mit sparsamen Wassergaben aus, die im Winter noch seltener werden sollten. Düngen Sie die Beaucarnea nur im Sommer etwa alle vier Wochen. In ihrem verdickten Stamm kann die Pflanze Wasser sammeln und sich so relativ lange selbst versorgen – ideal für alle Pflanzenliebhaber, die oft unterwegs sind.

Extra: Geben Sie Beaucarnea recurvata einen Platz als Einzelpflanze, dann kommt ihr auffälliger Wuchs besonders gut zur Geltung.

Elatior-Begonie, Blütenbegonie, Schiefblatt

Begonia Cultivars (Elatior-Gruppe)

Die üppig blühende Schönheit garantiert selbst in den Wintermonaten Farbtupfer im Haus. Wer sich eine zuverlässige Dauerblüherin fürs ganze Jahr wünscht, liegt mit der Elatior-Begonie genau richtig. In reicher Farben- und Formenauswahl erfreut das Begoniengewächs mit ebenso vielseitigen Blütenvariationen. So lassen sich schnell und flexibel farbige Akzente setzen.

Üppiger Blütenspaß: Duftige rosa Blüten haben einen Kragen aus Efeu bekommen. Als Doppel in hohen Pokalen passen Begonien perfekt ins klassische Ambiente. Nur zu dunkel darf es nicht sein, dann werfen sie Blüten ab.

Sag's mit Blumen! Wo solch nette, blühende Accessoires stehen, kommt man gerne zu einem kleinen Plausch zusammen. Die selbstgemachte Schärpe aus Schmuckband sorgt für den Farbkick.

Faszinierende Vielfalt ganz aus der Nähe betrachtet! Ob einfach oder gefüllt, Begonienblüten begeistern in Weiß, Gelb, Rosa, Rot oder Orange und in vielen changierenden Zwischentönen.

Das Spiel mit Kontrasten hat seinen ganz besonderen Reiz: Über dem eckigen Kübel aus sägerauen Brettern ranken zart und duftig die Blüten der Begonien in Rosé und Vanille. Mit mehreren Pflanzen wirkt's richtig üppig.

Pflegetipps

Standort: Stellen Sie blühende Begonia Cultivars an einen Platz, der hell aber nicht voll sonnig ist, dann können Sie die bunte Pracht besonders lange genießen.

Pflege: Die auffällige Pflanze sollte weder austrocknen noch unter Staunässe leiden. Kalkarmes abgestandenes Wasser, genauso wie eine Düngergabe alle zwei Wochen, garantieren Blütenfreude. Benetzen Sie die Blätter nicht, damit kein Mehltau entsteht.

Blüte: Das ganze Jahr lang können Sie blühende Begonien kaufen. Das Entfernen welker Blüten schützt vor Pilzbefall. Begonien werden in der Regel einjährig gezogen, blühen also kein zweites Mal.

Blattbegonie

Begonia Cultivars (Rex-Gruppe)

Die attraktiven asymmetrischen Blätter der Blattbegonie stehlen jeder Blüte die Show. Metallisch leuchtend, genarbt, genoppt, gewellt, rund, spitz oder länglich, mit gezacktem, gezahntem oder gebuchtetem Blattrand stammt die Familie der Begoniengewächse aus den tropischen Regenwäldern. Farblich rangieren sie von Orange über Rot bis Purpur, von Gelb über alle Grüntöne bis fast Schwarz. Als Wohnelement sind sie ein moderner, „hipper" Blickfang .

Think Pink! Die großen Blätter mit ihrem Farbenspiel von Rosarot bis Dunkelrot sind besonders attraktiv und passen in jedes moderne Wohnambiente. Raffiniert und ungewöhnlich ist die Kombination mit Töpfen in zartem Flieder.

Süße Träume garantiert: In zwei hohen Pflanzgefäßen wachen die ausdrucksstarken Blattbegonien über den ruhigen Schlaf der Bewohner. Die leicht herzförmigen Blätter in Grüntönen verlocken zum Drüberstreichen.

Das lieb gewonnene Erbstück wirkt „hip" mit einer Reihe rotlaubiger Begonien in grauen Übertöpfen. Um den gewünschten Farbton perfekt zu treffen, greifen Sie doch gleich selbst zum Pinsel!

Das Weiß der auffälligen Blattadern verbindet sich mit dem Weiß der Übertöpfe. Das Duo heißt schon im Flur jeden, der die Wohnung betritt, stilvoll willkommen.

Elegant unterstützen die grau glasierten Gefäße das Graugrün der Blätter. Die rötlichen Unterseiten sorgen für eine extravagante Wirkung.

Überraschend haben sich Gäste angekündigt? Dann wandern die flexibel einsetzbaren schwarzen Pokale mit Begonien von der Fensterbank auf die Tafel. Diese Sorte mit starker Blattzeichnung ist als Tischdeko garantiert ein Blickfang.

Regalbegrünung ganz stylish: Die Blattbegonie im mattschwarzen Topf ergänzt das minimalistische Hightech-Ambiente. Da sie nicht ganz so viel Licht braucht, kann sie auch gut in weniger sonnigen Raumecken stehen.

Pflegetipps

Standort: Begonia Cultivars, deren Stammarten ursprünglich aus den Tropen und Subtropen kommen, lieben es hell bis halbschattig. Stellen Sie sie nicht in die pralle Sonne.

Pflege: Gießen Sie die Blattbegonie regelmäßig von unten, aber achten Sie darauf, dass weder Staunässe noch Ballentrockenheit entsteht. Von März bis September niedrig dosiert düngen. Als Schutz vor Schädlingen die Blätter nicht direkt besprühen.

Extra: Machen Sie sich keine Sorgen, wenn Ihre Blattbegonie plötzlich Blätter abwirft, die Pflanze erneuert sich rasch.

Rippenfarn

Blechnum gibbum

Einen Hauch von Exotik verleiht der Rippenfarn, ein attraktiver Vertreter der Rippenfarngewächse, Blechnaceae, jedem Zuhause. Seine starken gefiederten, kräftig grünen Wedel sind als symetrische Rosette angeordnet, im Alter bilden Sie einen Stamm. Mit ein paar Tricks gedeiht die Grünpflanze aus tropischen und subtropischen Gebieten auch zuhause.

Stylisher Treff in der Beauty-Oase: Aus einer Gruppe verschiedener Farne ragt der Rippenfarn heraus und wird vom Dreieckigen Frauenhaarfarn und dem Schildfarn begleitet. Die unterschiedliche Höhe der Gefäße betont jedes Prachtstück.

Pflegetipps

Standort: Wenn Sie Blechnum gibbum einen hellen bis leicht schattigen Platz bieten, werden seine Wedel bis zu 50 Zentimeter lang.

Pflege: Sorgen Sie dafür, dass der Wurzelballen nie austrocknet. Die Luftfeuchtigkeit erhöht sich, wenn Sie die Wedel regelmäßig besprühen. Dabei kalkarmes Wasser verwenden. Mäßig düngen, sonst besteht die Gefahr, dass sich die Wedel braun färben.

Extra: Profis vermehren den Rippenfarn duch die Sporen auf den Adern. Einfacher ist es, einen fülligen Farn beim Umtopfen zu teilen.

Als Solitär am Wannenrand zieht der Rippenfarn alle Blicke auf sich. Das feuchte Klima im Badezimmer ist perfekt für die kräftigen Wedel des Rippenfarns.

Elefantenohr, Engelsflügel

Caladium bicolor

Zart und ätherisch schweben die papierartig dünnen Blätter des Engelsflügels über seinen Stielen. Diese Blattschönheit ist etwas für Pflanzenkenner, denn der Vertreter der Aronstabgewächse, Araceae, ist ein wenig heikel in seinen Pflegeansprüchen. Wer es dennoch versteht, dieser Diva, die aus den Tropenwäldern Südamerikas stammt, die entsprechende Aufmerksamkeit zu schenken, wird viel Freude an der Pflanze haben.

Ganz grazil sind die grün und weiß panaschierten Blätter. Von einem Gefäß aus satiniertem Glas wird diese Wirkung noch unterstützt.

Hohe Luftfeuchtigkeit und Wärme liebt die Kaladie, am Badewannenrand bekommt sie beides und sorgt in jeder Wellness-Oase für grüne Wohlfühlakzente. Vor Zugluft sollte sie allerdings geschützt werden.

Pflegetipps

Standort: Der richtige Platz ist nicht so einfach zu finden. Er muss hell sein, darf aber nicht in der prallen Sonne liegen. Sorgen Sie dafür, dass Caladium bicolor etwas wärmer steht als andere Zimmerpflanzen.

Pflege: Gießen Sie Caladium bicolor regelmäßig lauwarm und sorgen Sie für hohe Luftfeuchtigkeit. Aber niemals die Blätter direkt ansprühen, sonst färben sie sich braun. Im Sommer sollte die Pflanze 14-tägig gedüngt werden.

Extra: Die Kaladie ist ein Knollengewächs, das im Herbst das Laub einzieht. Wenn Sie die Knollen im Winter dunkel und bei etwa 16 °C leicht feucht halten, können Sie sie im Frühling wieder einpflanzen und an einem warmen Ort austreiben lassen.

Korbmaranthe

Calathea sp.

Die Indianer flochten Körbe aus den Blättern der Calathea, das trug ihr ihren deutschen Namen ein. Schöne Körbe müssen das gewesen sein, aus den Blättern mit attraktiven Äderungen und Mustern, die jetzt in jedem Wohnambiente die Blicke auf sich ziehen. Das anspruchsvolle Maranthengewächs stammt aus Brasilien und weiteren Gebieten des tropischen Amerikas.

Grün trifft kühl. Die weiß-grauen Streifen auf den Blättern der Calathea rotundifolia und die matte Oberfläches des Gefäßes wirken damit sehr grafisch und modern.

Die dunkelgrünen Blätter der Calathea picturata mit ihrer hellen Mitte sind der Höhepunkt der Kombination mit Smaragdpeperomie und Gefleckter Efeutute. Eine kühle Metallschale und laminierte Plättchen lassen sie reduziert und edel wirken.

Pflegetipps

Standort: Calathea gedeiht auf lichten Schattenplätzen. Wichtig ist eine Bodentemperatur von 18 bis 20 °C. Achten Sie darauf, dass die Pflanze nicht im Zug steht.

Pflege: Halten Sie das Substrat ständig feucht und düngen Sie von Frühjahr bis Herbst alle zwei Wochen, im Winter weniger. Die Calathea braucht eine Luftfeuchtigkeit von 60 bis 70 Prozent und sollte deshalb täglich mit kalkarmem, zimmerwarmem Wasser besprüht werden.

Extra: Wenn die Blätter staubig sind, tauchen Sie die Pflanze vorsichtig köpfüber in lauwarmes Wasser, um sie abzuwaschen.

Hängende Leuchterblume

Ceropegia linearis ssp. woodii

Man muss schon genau hinsehen, um den Sinn ihres deutschen Namens zu erfassen. Wie kleine Leuchter erheben sich die Blüten, wenn diese dankbare Ampelpflanze einmal blühen sollte. Die anspruchslose Sukkulente entstammt den Seidenpflanzengewächsen. Sie ist mit kleinen, runden bis herzförmigen Blättchen besetzt, die oben silbrig-grün marmoriert, unten rötlich schimmern. Ihre Triebe lassen sich auch attraktiv in Form bringen.

Die Leuchterblume lässt sich auch an bestimmten Formen anpassen. Der Kohlekugel, die sie umrankt, gibt sie einen natürlichen Akzent.

Grüne Wände oder Schränke? Ceropegia sorgt mit ihren zarten Ranken für natürliche Hingucker, ohne zu üppig zu werden.

Leicht zerzaust und von Flachdraht aus Aluminium ein wenig gebändigt, rankt Ceropegia aus kleinen Töpfen. Verspiegelte Gefäße lassen das Grün üppiger wirken.

Landhaus ganz verspielt: In drei originellen Gefäßen, die an Amphoren erinnern, ist die Leuchterblume hier wirkungsvoll aufgereiht. Nachstylen ist notwendig, wenn sich durch Wachstum die Triebe aus dem Tuff lösen.

Pflegetipps

Standort: Lassen Sie die Ceropegia das ganze Jahr an einem sonnigen Platz bei normaler Zimmertemperatur stehen. Im Sommer darf sie auch nach draußen.

Pflege: Die Sukkulente im Sommer nur leicht feucht halten, im Winter kaum gießen. Geben Sie im Sommer alle 14 Tage Kakteendünger. Regelmäßiges Besprühen verhindert Spinnmilben.

Extra: Aufgrund kleiner Knollen an den Trieben verkraftet die Pflanze Trockenzeiten. Regelmäßiges Gießen lässt sie aber besser wachsen.

Grünlilie, Fliegender Holländer

Chlorophytum comosum

Das Liliengewächs zierte schon die Wintergärten der feinen Gesellschaft im 19. Jahrhundert. Mit ihrem schopfartigen Wuchs und den schwertförmigen, teils gestreiften Blättern zählt die Grünlilie zu den anspruchslosesten Zimmerpflanzen. Die krautige Staude nimmt nichts wirklich übel, sorgt aber zuverlässig überall für grüne Akzente.

Auf einer dekorativen Säule in einem moosumwickelten Topf entfaltet die üppige Grünlilie ihre ganze Wirkung. Der ausgefallene Wuchs mit den herabrankenden Kindeln, die auch als „fliegend" bezeichnet werden, zeigt sich von seiner schönsten Seite.

Lustig gelockte Sorten sind ein fröhlicher Hingucker und strafen alle die Lügen, die sagen, Grünlilien seien langweilig. Kugelige, frisch grüne Gefäße passen perfekt dazu.

Pflegetipps

Standort: Für Chlorophytum comosum gibt es überall ein Plätzchen. Je heller es allerdings auch im Winter steht, desto schöner ist seine Blattfärbung. Auf einer Säule oder einem Blumenhocker kann die Pflanze sich besonders gut entfalten.

Pflege: Es gibt kaum unkompliziertere Zimmerpflanzen als die Grünlilie. Wenn Sie sie gleichmäßig feuchthalten, Staunässe vermeiden und von März bis August düngen, dankt Sie es Ihnen mit kräftigem und gesundem Wuchs. Braune Blätter können Sie einfach abschneiden.

Blüte: An langen überhängenden Ausläufern bilden sich weiße Blüten und junge Brutpflanzen. Diese können eingepflanzt werden und schlagen Wurzeln.

Dickblatt

Crassula pellucida

Jenseits von Afrika? Die kleinen Blättchen der Südafrikanerin Crassula pellucida ranken dicht in sattem Grün bis zu rötlichen Tönen aus Töpfen und Ampeln. Das Dickblattgewächs verbreitet exotisches Flair.

Massiv wirkt der graue Topf, über dessen Rand leicht die Triebe der Crassula ranken. Angedrahtete trockene Jackfrüchte nehmen den Farbton auf.

Die Atmosphäre einer afrikanischen Lodge verbreitet eine Keramikschale, in der Crassula pellucida wächst und die mit dekorativen getrockneten Jackfrüchten aufgefüllt wurde.

Pflegetipps

Standort: Die Crassulla pellucida braucht einen hellen Platz aber keine direkte Sonnenbestrahlung. Im Sommer können Sie Ihr auch gut einen Platz draußen geben.

Pflege: Während des Wachstums im Frühling und Sommer sollten Sie die Pflanze regelmäßig gießen, im Winter braucht sie weniger Wasser.

Extra: Tageslicht plus helle Fliesen – das Badezimmer ist ein idealer Raum für die Crassula pellucida. Auch die Luftfeuchtigkeit tut der Pflanze gut.

Jadestrauch, Geldbaum

Crassula ovata

In der Lehre des Feng-Shui gilt Crassula ovata als Symbol für Wohlstand. Sollte da nicht in jedem Haushalt ein Exemplar stehen? Das schier unverwüstliche Dickblattgewächs stammt aus dem südlichen Afrika und passt mit seinem kompakten Wuchs und den dicken ovalen Blättern zu jedem Wohnstil.

Raffiniert: Damit man die Erde nicht sieht, wurde der Raum zwischen Topf und Blättern mit trockenen Hochblättern von Palmenblütenständen gefüllt.

Ein pflegeleichtes Doppel, das sich über Licht freut. Eine Sedum-Art (links) und Crassula ovata wachsen in würfelförmigen grauen Pflanzgefäßen nebeneinander.

Pflegetipps

Standort: Stellen Sie Crassula ovata an einen hellen bis vollsonnigen Platz. Im Sommer darf sie auch draußen stehen.

Pflege: Im Sommer reicht es, die Pflanze mäßig zu gießen und gelegentlich zu düngen. Im Winter sollten Sie sie eher trocken halten.

Extra: Crassula ovata bekommt leicht Nachwuchs: Stecken Sie eine fünf bis zehn Zentimeter lange Triebspitze in feuchtes Substrat. An einem hellen Platz und bei leichter Feuchtigkeit entwickelt der Steckling so zu jeder Jahreszeit ganz schnell Wurzeln.

Dickblatt

Crassula rupestris

Wie auf eine Kette aufgefädelt, wirken die Blätter der Crassula rupestris aus der Familie der Dickblattgewächse. Die kleinwüchsige sukkulente Pflanze mit langen, auf der Erde liegenden Trieben und dicken, blau-grau gefärbten ovalen Blättern stammt aus Südafrika. Sie bringt einen Hauch Exotik in jedes Zuhause.

An seine afrikanische Heimat erinnert das Dickblatt in einem hohen Topf, der mit getrockneter Rinde umwickelt wurde.

Rund und bauchig in Szene gesetzt, strahlt die pflegeleichte Pflanze Gemütlichkeit aus. Um den ausladenden Topf wurden Gräser und Zweige gewunden.

Pflegetipps

Standort: Crassula rupestris verträgt volle Sonne und kann im Sommer sogar draußen stehen. Achten Sie dabei aber auf einen windgeschützten Platz, weil die Triebe leicht abbrechen.

Pflege: Halten Sie das Dickblatt leicht feucht, es darf aber auch hin und wieder ein wenig austrocknen. Als Sukkulente kann die Pflanze das gut vertragen. Spätestens, wenn die Blätter anfangen, runzelig zu werden, ist Wasser nötig.

Extra: Vermehren lässt sich die Pflanze durch Bruchstücke oder Stecklinge, die einige Tage trocknen und dann in durchlässiges Substrat gesteckt werden.

Zimmer-Alpenveilchen

Cyclamen persicum

Mit ihren Blüten versüßen Alpenveilchen uns den Winter. Die neuen Züchtungen der zu den Primelgewächsen zählenden Pflanze haben der aus dem Nahen Osten stammenden Verwandten der europäischen Bergbewohnerin das Image der altmodischen Omapflanze genommen. Über einem meist kompaktem Laubdach aus herzförmigen, fein gezeichneten Blättern erheben sich die außergewöhnlichen Blüten.

Ganz im Schwarz-Weiß-Look! Das weiße Alpenveilchen strahlt vor dem Hintergrund der matten schwarzen Schale besonders stark. Ein perlenbesetzter Gürtel aus grünem Ginster bringt das Outfit in Form.

Alpenveilchen to go! Die bunte Blütenpflanze kann auch ganz peppig und unkompliziert sein, wie die Idee mit Miniexemplaren in asiatischen Fastfood-Behältern beweist.

In dunklem Pink leuchten die Blüten besonders intensiv. Ständig kommen neue Züchtungen auf den Markt, einige duften sogar.

Frech gestreift erheben sich die Blüten von Cyclamen persicum über den Blättern. Das Gefäß mit beklebten Astscheiben ist eine runde Sache und Lichtjahre vom spießigen Image des Alpenveilchens entfernt.

In einem Nest aus Zweigen und buntem Peddigrohr fühlen sich die weißen Blüten mit lilafarbenem Ansatz sichtlich wohl. Das Alpenveilchen als toller Blickfang in der dunklen Winterszeit.

Viele Wochen lang begeistert das Alpenveilchen mit neuen Blüten in einem Nest aus dünnen Zweigen und kleinen Stoffblüten. Damit das so bleibt, sollten verwelkte Blüten und Blätter gleich ausgezupft werden.

Leuchtendes Pink sorgt für Farbe an grauen Wintertagen. Beerchen, Zieräpfel, Steckzwiebeln und Schnecken aus Aludraht putzen das Trio originell heraus.

Pflegetipps

Standort: Geben Sie dem Alpenveilchen einen hellen aber nicht zu sonnigen Standort. Wichtig ist, dass die Blütenpflanze luftig und kühl bei maximal 15 °C steht.

Pflege: Cyclamen sollten Sie niemals ins Herz der Knolle gießen, damit keine Fäulnisbildung droht. Das Substrat immer leicht feucht halten aber vor Staunässe schützen. Gedüngt wird zur Blütezeit. Die Pflanzen sind anfällig für Spinnmilben und Thripse.

Blüte: Das Alpenveilchen blüht von September bis April. Dabei entwickeln die Züchter immer neue Überraschungen. Die Blüten begeistern glatt, gekraust, gewellt, einfarbig, zweifarbig, weiß, rosé, oder pink. Zupfen Sie welke Blüten ruckartig aus. Ein dunkler Winterstandort regt die Blütenbildung im nächsten Jahr an.

Zypergras

Cyperus sp.

Was anderen Pflanzen Probleme bereitet, ist für das Zypergras eine Wohltat: nasse Füße. Kein Wunder, denn die bis zu zwei Meter groß werdenden Gewächse aus der Familie der Sauer- und Riedgräser, Cyperaceae, stammt aus den Feuchtgebieten der Tropen und Subtropen. Die Pflanzen verdunsten soviel Feuchtigkeit, dass sie auch bei uns für gutes Raumklima sorgen.

Klarer Kopf durch gesunde Raumluft am Arbeitsplatz. Das dekorative Doppel aus Cyperus alternifolius in modernen Töpfen am Schreibtisch unterstützt die Konzentration.

Grüne Power pur! Cyperus alternifolius 'Zumula' bringt Natur ins Wohnzimmer. Besonders frisch wirkt die Pflanze durch einen grünen dickwandigen Topf.

An eine Wasserfontäne erinnert der große Cyperus papyrus und bringt so Frische ins helle Wohnambiente. Setzen Sie blaue Akzente mit gefärbtem Chinaschilf.

Wasser ist das Lieblingselement der Sumpfpflanze Cyperus haspan. Das drückt auch die raffinierte Gestaltung in Glas-in-Glas-Technik aus sowie das Spiel mit verschiedenen blauen Granulaten.

Pflegetipps

Standort: Geben Sie Cyperus einen Platz, an dem er warm und hell, aber nicht in der prallen Sonne steht.

Pflege: Als Sumpfpflanze braucht das Zypergras viel Wasser, im Sommer kann bei einigen Arten ruhig auch Flüssigkeit im Topf stehen. Die Pflanze sollte mit kalkfreiem Wasser besprüht werden. In der warmen Jahreszeit können Sie sie mit Universaldünger versorgen. Bei trockener Luft drohen Schädlinge und es können sich dunkle Blattspitzen bilden.

Extra: Zur Vermehrung schneiden Sie Blattquirle ab und stellen sie kopfüber ins Wasser, dann bilden sie schnell Wurzeln und können in feuchtes Substrat gepflanzt werden.

Dendrobie

Dendrobium Cultivar

Mit mehr als 1200 Arten gehören die Exoten zu einer der größten Gruppen der Orchidaceae. In ihrer Heimat Nordaustralien und Indonesien wachsen sie epiphytisch, d.h. als Aufsitzerpflanze, auf Bäumen. Mit ein bisschen Knowhow blühen Dendrobien auch bei uns üppig und verbreiten ihr faszinierendes Flair.

Aufrechte Trauben mit Blüten in dunklem Lila heben sich effektvoll vom satinierten Weiß der Pflanzschale ab. Sie sorgen auch in der kalten Jahreszeit für viele Wochen langen Blühspaß.

Mit kleinblütigen, leicht hängenden Trauben ist Dendrobium ein echtes Schmuckstück. Winterliche Accessoires wie ein weiß gesprühter Zweig und kleine Perlen zur Abdeckung des Substrats betonen den eleganten Auftritt der Pflanze zusätzlich.

Pflegetipps

Standort: Dendrobium liebt es hell aber nicht vollsonnig. Vorübergehend dürfen die Pflanzen ihre Schönheit auch mal an einem weniger perfekten Platz präsentieren. Nach der Blüte sollten Sie sie aber zurück ans Licht stellen.

Pflege: Pflanzen Sie Dendrobium in lockeres Orchideensubstrat. Im Sommer sollten Sie reichlich gießen und lediglich die Blätter und Luftwurzeln mit Wasser besprühen. Düngen Sie von März bis Oktober mit Orchideendünger. Im Winter kann zurückhaltender gegossen und gedüngt werden.

Blüte: Dendrobium bildet aus aufrechten, verdickten Sprossen von November bis März traubige Blütenstände mit rundlichen Blüten in verschiedenen Farben und mit unterschiedlichen Zeichnungen.

Venusfliegenfalle

Dionaea muscipula

Diese grünen Mitbewohner sind keine Vegetarier! Dionaea muscipula bessert ihren Nährstoffhaushalt mit Insekten auf, die sie mit Reizhaaren auf den Innenseiten der Klappfallen erkennt, mit diesen Fallen fängt und dann verdaut. Das faszinierende Naturschauspiel bietet das Sonnentaugewächs, das aus dem nordamerikanischen North - und South Carolina stammt, auch im Wohnzimmer.

Nichts tut der Wirkung der raffinierten Pflanzen hier Abbruch. In ein schlichtes weißes Gefäß gepflanzt, kommen Farbe und Form zur Geltung.

So werden wilde Pflanzen optisch gebändigt: Kräftige Gummibänder, um die Glasvasen gespannt, wirken wie ein Käfiggitter für die „gefährlichen" grünen Wohngenossen.

Schließen sich die Blattzähne der Dionaea zum Fallengitter, gibt es für Insekten kein Entrinnen mehr. Mit speziellen Sekreten werden sie verdaut und nur Chitinpanzer und Flügel bleiben übrig.

Hinter den Wänden der Glasgefäße hat die fleischfressende Pflanze genügend Luftfeuchtigkeit, um zu gedeihen. Im mittleren Behälter schwimmt Wassersalat, hinten wächst Sonnentau.

Pflegetipps

Standort: Ein heller Standort ist ideal für Dionaea muscipula, vor direkter Mittagssonne sollten Sie sie allerdings schützen. Hohe Luftfeuchtigkeit und ein kühler Raum sorgen für eine längere Lebenszeit.

Pflege: Halten Sie das Substrat das ganze Jahr lang feucht. Nicht düngen, erhält die Pflanze nämlich zu viele Nährstoffe, werden die Blätter gelblich und kleiner.

Extra: Berührt ein Insekt die Sinneshaare auf den Innenseiten der Klappfallen, klappt die Falle der Dionaea muscipula zu. Wer diesen Mechanismus künstlich unnötig oft auslöst, riskiert, dass die Blätter vorzeitig absterben.

Echeverie

Echeveria sp.

Einen grünen Daumen braucht man nicht, um als Hobbygärtner mit der Echeverie erfolgreich zu sein. Aus den Trockengebieten Mittel- und Südamerikas stammend, ist die Echeverie aus der Familie der Dickblattgewächse, Crassulaceae, Trockenphasen durchaus gewöhnt. Mit ihren dickfleischigen Blättern in Rosettenoptik setzt sie in jedem Wohnstil, ob modern oder im Landhauslook, tolle Akzente.

Wie frisch vom Markt: Die Blattrosette von Echeveria gibbiflora strahlt in den tragbaren Holzkörben Countryflair aus.

Vielfältig und abwechslungsreich ist die Echeveria elegans im Mix mit Echeveria derenbergii, Echeveria gibbiflora und Echeveria runyoni (von links nach rechts) und von Flechten und Kieselsteinen eingerahmt.

Wie ein Kunstwerk wirkt die Rosette der Echeveria derenbergii. Der glatte Rand der silbrig grauen, dickfleischigen Blätter mündet in eine kleine rote Spitze.

Eine matte graue Schale unterstreicht die raue Schönheit der Blattrosetten. Echeveria derenbergii, Echeveria gibbiflora und Echeveria agavoides lassen sich auch von ihren Pflegeansprüchen perfekt kombinieren und werden mit Treibholzstücken natürlich akzentuiert.

Pflegetipps

Standort: Sonne und Trockenheit ist die Echeverie gewohnt. Geben Sie ihr deshalb einen sehr hellen, sonnigen und warmen Platz. Im Sommer darf sie, regengeschützt, auch draußen stehen, im Winter mag sie es kühler.

Pflege: Gießen Sie im Sommer sparsam und niemals direkt in die Blattrosette. Einmal monatlich tut ihr Kakteendünger gut. Im Winter sollten Sie die Pflanze fast trocken halten.

Blüte: Auch wenn ihre Blätter die eigentliche Attraktion sind: Von Januar bis Oktober kann die Echeverie mit lang gestielten Blüten punkten. Sie blühen dann in verschiedenen Farben, je nach Art und Sorte.

Echeverie

Echeveria setosa

Das aus den Trockenregionen Mittel- und Südamerikas stammende Dickblattgewächs erhält durch die fleischigen Blätter mit ihrem zarten Haarflaum und den aufrechten, sukkulent verdickten Stamm sein dekoratives Aussehen. Der alte deutsche Name Eisgewächs deutet darauf hin, dass die Echeveria setosa den Winter gerne in kühlen Räumen verbringt.

Auf die Accessoires kommt's an: Kleine Zweige, Schoten oder Blätter verlängern den Rand der Zinkgefäße, in denen die Echeverien stehen. Eine ganze Reihe davon rückt das Sideboard garantiert ins rechte Licht.

Ein Horn aus Clematisranken birgt die leicht bemoosten Tontöpfe ganz im Stil des Shabby-Chic. So wirkt die Echeverie natürlich und designt zugleich. Da sie kaum gegossen werden muss, ist dies eine durchaus angemessene Pflanzenpräsentation.

Pflegetipps

Standort: Geben Sie der Echeveria setosa einen hellen Platz. Je sonniger der Standort, desto ausgeprägter ist ihre weiße Behaarung.

Pflege: Gießen und düngen Sie die genügsame Pflanze sparsam und nicht in das Herz der Blattrosette. Vorsicht: Das Übersprühen mit Wasser kann zu Fäulnis führen. Anfällig ist die Südamerikanerin für Blattläuse.

Extra: Bei guten Bedingungen haben Sie lange Freude an der behaarten Echeverie. Besonders die Altersform mit langem, teilweise kahlem Stamm wirkt dekorativ.

Goldkugelkaktus, Schwiegermuttersessel

Echinocactus grusonii

Einer der bekanntesten Sonnenanbeter ist Echinocactus grusonii aus der Familie der Kakteengewächse, Cactaceae. Auffällig sind die attraktiven dicken Rippen und ihr dichter Besatz gelblicher, gebogener Stacheln. Im streng botanischen Sinn sind es Blattdornen. Sein geometrisches Aussehen entspringt dem wolligen Scheitel. Das langsame Wachstum, das manchesmal ein Menschenleben überdauert, verleiht ihm in der Natur einen Durchmesser von bis zu 1,30 Metern.

Keine Angst vor Zugluft: Das Kakteenduo steht auf einem kuscheligen Teppich und hat sich einen wärmenden Schal aus trendigem Filz umgewickelt. Wärme lieben die Kleinen ohnehin, sogar direkte Sonne.

Natürlich und schlicht – so kommt die runde, bauchige Form des Schwiegermuttersessels voll zur Geltung. Die Töpfe erinnern in Farbe und Material an die Herkunft der Kakteen.

Pflegetipps

Standort: Der Echinocactus grusonii fühlt sich an allen sonnigen Standorten wohl, er verträgt sowohl warme als auch kalte Überwinterung.

Pflege: Sie sind Kakteen-Anfänger? Dann ist diese Pflanze die richtige für Sie. Wenig und immer von unten gießen sowie die passende Kakteenerde reichen aus, damit sie gedeiht.

Extra: Der Echinocactus grusonii, eine der am meisten verbreiteten Kakteen bei Topfpflanzenliebhabern, ist in seiner Heimat, einem begrenzten Gebiet in Querétaro in Mexiko durch ein Staudammprojekt ausgestorben und wächst nur noch in Kultur.

Melonen-Wolfsmilch

Euphorbia meloformis

Ruhe und Gelassenheit strahlt die Euphorbia meloformis mit ihrem runden, an eine Melone erinnernden Wuchs aus. Das Wolfsmilchgewächs, das in Südafrika zuhause ist, kann in seiner Altersform eine Säule bilden.

Lust auf Wüsten-Feeling? Verschiedene Sand- und Granulatschichten kommen in Glas besonders gut zur Geltung.

Von oben betrachtet, wird die fast technische Präzision der Euphorbia meloformis auffällig, Meist sind es acht Rippen, die sich zur Kugel formen.

Pflegetipps

Standort: An einem hellen bis vollsonnigen Standort sollten Sie Euphorbia meloformis gleichmäßig warmhalten. Je sonniger der Standort, desto schöner werden die hellen Querbänder.

Pflege: Gießen Sie bei durchlässigem Pflanzsubstrat regelmäßig, in der Winterzeit trockener halten. Vorsicht: Bei zu großer Nässe kann Wurzelfäule entstehen.

Blüte: Nahe am Scheitel bilden sich auf den Rippen hellgrüne Cyanthien, das sind Blütenstände bei Wolfsmilchgewächsen, die wie Einzelblüten aussehen.

Euphorbia pugniformis forma cristata

Saftig grün wuseln sich die Triebe der Euphorbia pugniformis dem Licht entgegen. Die Vertreterin der Wolfsmilchgewächse, Euphorbiaceae, aus Südafrika ist extravagant und ungewöhnlich und deshalb für jeden geeignet, der in seinem Wohnumfeld auf Effekte setzt. Sie gehört zu einer Artengruppe, die insgesamt als Medusenhaupt-Euphorbien bekannt ist.

Ein mächtiges Metallgefäß setzt einen Kontrapunkt zur unkonventionell bewegten Form der Euphorbia pugniformis. Banksien-Fruchtstände sorgen für natürliche Akzente.

Was wirkt wie eine halbe Riesennussschale ist eine selbst gegossene Gipsform. Extravagante Gefäße für eine extravagante Pflanze, das sind zwei starke Deko-Partner.

Pflegetipps

Standort: Stellen sie die Pflanze an einen hellen Platz mit Bodenwärme, an dem die Temperatur auch im Winter nicht unter 15 °C sinkt.

Pflege: Im Sommer sollten Sie die Euphorbia pugniformis ein- bis zweimal pro Woche gießen, im Winter weniger. In der Wachstumszeit von April bis September mit Kakteendünger düngen.

Extra: Wie bei allen Wolfsmilchgewächsen kann der Milchsaft von Euphorbia pugniformis forma cristata Hautreizungen auslösen. Nach dem Schneiden von Stecklingen oder nach dem Umtopfen also gründlich Hände waschen. Vor allem im Sonnenlicht kann es zu fototoxischen Reaktionen kommen, wenn noch Milchsaft auf der Haut ist.

Poinsettie, Weihnachtsstern

Euphorbia pulcherrima

Sein deutscher Name sagt es unzweideutig: Er gehört zum Weihnachtsfest wie keine andere Pflanze. Dabei stammt der Weihnachtsstern ursprünglich aus Mexiko, wo das Wolfsmilchgewächs in der freien Natur stattliche Großsträucher bildet. Da der Weihnachtsstern seine dekorativen Hochblätter nur dann ausbildet, wenn er zwei Monate nicht mehr als zehn Stunden Licht pro Tag bekommt, gilt er als Kurztagspflanze.

Nicht nur klassisch: Ein Stückchen Flokati sorgt dafür, dass die moderne Züchtung in frechem Pink bestimmt keine kalten Füße bekommt.

Die raffiniert ins Pink schillernden Hochblätter des Weihnachtssterns werden durch einen Kragen aus Spanstreifen in verschiedenen Rottönen betont.

Edel und frisch zugleich wirkt die Poinsettie in Creme und Hellgrün. Für den unübersehbaren Auftritt sorgt ein hohes Pflanzgefäß, das ganz mit Moos umwickelt wurde.

Ein Nest aus Olivenzweigen und Silberblatt bildet einen kuscheligen Rahmen für die attraktiven Hochblätter des Weihnachtssterns.

Ganz schön verspielt! Das Grün der Hochblätter wird von den Filzsternen nochmal aufgenommen und sorgt für einen Frischekick. Das auffällig geformte Gefäß wurde vollständig mit Moos und Draht umwickelt.

Blütenzauber im Quadrat! Mit kleinen Zweigen, Zimtstangen oder anderen Accessoires kombiniert wirkt der Weihnachtsstern festlich aber nicht traditionell.

So üppig arrangiert, stellt die Poinsettie alles in den Schatten. Mehrere Exemplare werden in eine ausladende Schale gepflanzt und von silbern glitzernden Accessoires umgeben.

Pflegetipps

Standort: Stellen Sie den Weihnachtsstern an einen hellen und warmen Standort, schützen Sie ihn aber vor direkter Sonneneinstrahlung. Weil er auf Kälte empfindlich reagiert, sollte er beim Transport nach dem Kauf gut geschützt werden.

Pflege: Gießen Sie den Weihnachtsstern mäßig aber regelmäßig und achten Sie darauf, dass keine Staunässe entsteht. Es genügt, die Pflanze ein- bis zweimal während der Blütezeit zu düngen. Weiße Fliege, Thripse und Wollläuse sind ihre tierischen Feinde.

Blüte: Die neuen Züchtungen des Weihnachtssterns erstrahlen im Winter bis zu drei Monate lang in vielen verschiedenen Farben, manche sogar mehrfarbig. Was viele allerdings für die Blüte halten, sind die farbenprächtigen Hochblätter, Brakteen genannt, die einen sternförmigen Kranz um die eigentlichen Blütenstände, Cyathien genannt, bilden.

Bleistifteuphorbie, Latex-Wolfsmilch

Euphorbia tirucalli

Ein bizarrer Blickfang in jeder Wohnung ist die leicht skurril wirkende sukkulente Vertreterin der Wolfsmilchgewächse, die Bleistifteuphorbie. Wie ihr deutscher Name schon ahnen lässt, hat sie stark verzweigte, bleistiftstarke Triebe. Kleine, lanzettförmige Blättchen in den Triebgabeln, die jedoch meist bald schon wieder abfallen, unterstreichen das bizarre Aussehen. Im Alter kann sie zu einem stattlichen Busch heranwachsen und beeindruckt dann als attraktive Solitärpflanze.

So wirkt sie ganz für sich alleine: Die bizarren Zweige brauchen nicht viele Accessoires. Eine Sammlung schlichter hoher Vasen und der Look ist perfekt.

Als Raumteiler ist die Bleistifteuphorbie ein toller Blickfang und sorgt für einen grünen Akzent im modernen Ambiente. Zudem hat sie so genügend Platz, um sich auszubreiten.

Sonniges Gelb, helles Holz und himmelblau frische Akzente: In den zeitgemäßen Landhausstil bringen die beiden Bleistifteuphorbien die notwendige Prise Natur, aber auch den Touch Modernität.

Geradlinig, kühles Weiß und moderne Formen: Hier sorgen die Bleistifteuphorbien für die nötige Vitalität und sind im Doppel besonders wirkungsvoll. Ihre Anspruchslosigkeit macht sie zu beliebten Junggesellenbegleiterinnen.

Pflegetipps

Standort: Das ganze Jahr sollte die Bleistifteuphorbie möglichst viel Licht bekommen. Stellen Sie sie während des dunklen Winters an den hellsten Platz der Wohnung.

Pflege: Im Sommer sollte das Substrat zwischen den Wassergaben immer angetrocknet sein. Im Winter nur so viel gießen, dass der Ballen nicht austrocknet. Monatliche Gaben von Flüssigdünger tun der Pflanze gut. Bei zu großer Nässe neigt sie zu Wurzelfäule, bei zu starker Trockenheit der Raumluft ist sie anfällig für Spinnmilben und Blattläuse.

Extra: Die Triebe der Bleistifteuphorbie können leicht abbrechen. Dann ist Vorsicht geboten. Denn vor allem in Kombination mit Sonnenlicht kann der austretende Saft bei empfindlichen Menschen heftige Hautreizungen verursachen.

Blaues Lieschen

Exacum affine

Alles an ihm wirkt klein und niedlich: die dunkelgrünen Blättchen, die unzähligen kleinen, meist violetten oder weißen Blüten mit der gelben Mitte und auch sein kugeliger, buschiger Wuchs. Das Enziangewächs ist eine der beliebtesten Topfpflanzen in den Sommermonaten. Und wer es geradlinig und modern liebt, setzt das Blaue Lieschen mal ganz anders in Szene.

Krempen aus grau angesprühten Clematisranken und einem mit Steinen beklebten Kranz geben den vielen kleinen weißen Blüten einen Rahmen.

Zur rauen Betonoptik bieten die lieblichen kleinen Blüten einen raffinierten Kontrast. Steine und trockene Äste sorgen zusätzlich für coole Effekte.

Aufgereiht setzt das Blaue Lieschen Fensterbänke und Sideboards ins rechte Licht. Zwischendurch greifen Dekokugeln die runde Form der Pflanzen auf.

Eine ganze Schale voll üppig gepflanztem Blühspaß! Damit keine Staunässe in der niedrigen Betonschale entsteht, sollte eine Drainage zum Beispiel aus Blähton unter dem Pflanzsubstrat liegen.

Pflegetipps

Standort: Licht lieben die Blüten des Blauen Lieschens, die pralle Mittagssonne mag es allerdings gar nicht.

Pflege: Halten Sie das Substrat der Pflanze während der gesamten Blütezeit leicht feucht und versorgen Sie die Pflanze alle zwei Wochen mit einem Universaldünger. Nicht auf die Blätter gießen, da sonst bei großer Nässe Wurzel- und Stängelfäule entstehen können. Nach der Blüte wird die kurzlebige Staude meist weggeworfen.

Blüte: Blauviolett oder weiß, einfach oder gefüllt blüht das Blaue Lieschen mitten im Sommer acht bis zehn Wochen lang mit voller Kraft. Wenn Sie die verwelkten Blüten immer gleich abzupfen, sieht es nicht nur schöner aus sondern hält auch länger durch, weil die Pflanze ihre ganze Energie in das Hervorbringen neuer Blüten stecken kann.

Schmalblättriger Gummibaum

Ficus binnendijkii

Zu einem der robustesten Gummibäume aus der Familie der Maulbeerbaumgewächse zählt der Schmalblättrige Gummibaum. Sein aufrechter, stark verzweigter Wuchs mit den länglichen Blättern bildet sich auch im leichten Schatten. Mit seiner im oberen Bereich leicht überhängenden, bis zu zwei Meter hoch werdende Gestalt ist er eine stattliche Erscheinung.

Gewinnen Sie eine zusätzliche Rückzugsoase und machen Sie es sich auch mal tagsüber im Schlafzimmer gemütlich. Der Ficus binnendijkii schafft Atmosphäre und holt die Natur in den Raum.

Schirmt den Essplatz vom Sofa ab: Zwei hohe, leicht wirkende Pflanzgefäße aus Geflecht mit Schmalblättrigen Gummibäumen bepflanzt machen aus einem Raum zwei Wohnbereiche.

Pflegetipps

Standort: Schützen Sie den Schmalblättrigen Gummibaum vor direkter Sonneneinstrahlung und wählen Sie einen Platz aus, der hell bis schattig ist.

Pflege: Die Pflanze sollte regelmäßig gegossen und gedüngt werden. Vermeiden Sie dabei Staunässe, diese könnte zu Wurzelfäule führen. Bei zu hoher Lufttrockenheit ist Ficus binnendijkii anfällig für Wollläuse, Schildläuse, Spinnmilben und Thripse. Hier beugt regelmäßiges Übersprühen mit kalkarmem Wasser vor.

Extra: Unkompliziert und dekorativ, wie er ist, eignet sich der Schmalblättrige Gummibaum auch gut für die Begrünung des Büros. Auch in Hydrokultur ist er gut zu halten.

Vorhang-Feige

Ficus microcarpa var. microcarpa

In ihrer asiatischen und australischen Heimat wächst die Vorhang-Feige als großer Baum mit einer markanten Krone über einem kräftigen Stamm. Diese Form behält das immergrüne Maulbeerbaumgewächs auch als Zimmerpflanze. Als Bonsai macht seine Miniaturvariante Furore.

Macht die Wohnküche zum beliebten Treffpunkt: Die Vorhang-Feige mit ihrem imposanten Stamm wirkt modern gestylt mit Edelstahltopf und Dekokugeln.

Wie ein Ausflug in die Welt der Liliputaner! Als Bonsai kunstvoll über Jahre in Form geschnitten, fasziniert die Vorhang-Feige an einem nicht zu sonnigen Fenster.

Pflegetipps

Standort: Die Vorhang-Feige mag keine kalten Füße, ein Raum mit Fußbodenheizung ist deshalb ideal. Geben Sie ihr einen hellen Standort ohne grelle Mittagssonne, das kommt ihren Ansprüchen entgegen.

Pflege: Damit der Wurzelballen nicht austrocknet, gießen Sie regelmäig mit kalkarmem, abgestandenem Wasser. Besprühen schützt vor Schädlingen. Dass die Pflanze dennoch im Winter einige Blätter abwirft, ist kein Grund zur Sorge.

Extra: Aufgrund ihrer prägnanten Form eignet sich die Vorhang-Feige sehr gut als Bonsai.

Fittonie, Silbernetzblatt

Fittonia verschaffeltii

Wie ein Netz breiten sich weiße oder rote Adern auf den ovalen Blättern der Fittonia verschaffeltii aus. Die Vertreterin der Akanthusgewächse, Acanthaceae, stammt aus den südamerikanischen Regenwäldern, was ihre Vorliebe für Wärme und hohe Luftfeuchtigkeit erklärt. Mit ihren raffinierten Blättern ist sie ein faszinierender Hingucker für alle Pflanzenfreunde.

Im Doppel nochmal so schön! Die rote Äderung auf hellem Blattgrün hebt sich von hochglänzenden Gefäßen besonders gut ab.

Ein buntes Quartett, ganz ohne Blüten: Da die Fittonie nicht tief wurzelt, eignet sie sich auch zur Bepflanzung flacher Schalen.

Das bringt Glanz in jede Hütte! Hoch polierte Gefäße in organischer Form und dazu passende Kugeln sind der Rahmen, der Fittonia verschaffetii strahlen lässt.

Farbspielereien für Kreative entstehen, wenn Fittonia verschaffeltii in zwei Tönen gemixt werden. Zwei flache Betonschalen und Glasgranulat sorgen für eine moderne Optik.

Pflegetipps

Standort: Weil die Fittonie die pralle Sonne nicht verträgt, sollten Sie ihr einen Platz mit hellem, diffusen Licht geben.

Pflege: Im Sommer sollte das Substrat feucht, aber nicht nass sein, im Winter eher zu wenig gießen, damit die Triebe nicht zu faulen beginnen. Besprühen Sie Fittonia verschaffeltii regelmäßig und versorgen Sie sie in den Sommermonaten mit einem Universal-Flüssigdünger.

Extra: Wärme und hohe Luftfeuchtigkeit sind ihr wichtig. Deshalb ist sie auch eine Pflanze, die besonders gut im Badezimmer gedeiht.

Guzmanie

Guzmania lingulata

Ihre Zeiten als Mauerblümchen an Omas Fenster sind vorbei. Mit faszinierenden Neuzüchtungen in wunderbaren Farben und Formen kommt Guzmania lingulata jetzt ganz trendy daher. Das aus den tropischen Wäldern stammende Ananasgewächs sorgt mehrere Monate lang mit seiner farbenfrohen Scheinblüte für gute Laune.

Die leuchtende Guzmanie hat ein Jeansjäckchen an. Aus bedrucktem Papier ist es schnell laminiert und verhüllt den Kulturtopf, der in einem schlichten Glasgefäß mit buntem Granulat steht.

Lässiger Look in Jeansblau – mit ein paar Nähten sind die Pflanzsäckchen schnell zusammengenäht. Noch ein bisschen Glitzer – so modisch kommt die Guzmania groß raus!

In die Tasche gesteckt! Ton in Ton wirkt die Guzmania ganz harmonisch. Für Pep sorgt eine aufgeklebte Tasche aus Jeansstoff.

Das Pflanzentrio setzt, aufgereiht in einem weißen Keramikschiff, rote Farbakzente. Die Kulturtöpfe werden ganz einfach mit Rinde und Kordel umwickelt.

Pflegetipps

Standort: Um ihren Blütenstand zu entfalten, braucht die Guzmania lingulata einen hellen bis halbschattigen Platz.

Pflege: Halten Sie die Pflanze stets gleichmäßig feucht, füllen Sie auch den Trichter mit Wasser und sorgen Sie durch Sprühen mit Wasser für Luftfeuchtigkeit. Gedüngt wird im Sommer etwa alle zwei Wochen mit halber Dosierung.

Blüte: Der Blütenstand, der mehrere Monate begeistert, besteht aus einer leuchtenden Hochblattrosette und unscheinbaren weißen bis gelben Blüten. Nach dem Verblühen bilden sich Kindel zur Vermehrung.

Erdbeerkaktus

Gymnocalycium mihanovichii

Gymnocalycium mihanovichii ist nichts für Farbmuffel. Die farbstarken Varianten der natürlichen Art sind so bunt, weil ihnen das lebensnotwendige Chlorophyl, der grüne Farbstoff, fast vollständig fehlt. Deshalb werden sie auf grüne Kakteen-Körper aufgepfropft. Die dekorativen Pflanzen, deren Heimat Paraguay ist, sind durch Mutation entstanden und zählen zur Familie der Kakteen, Cactaceae.

Leuchtendes Highlight für einen schwarz glänzenden Topf: Statt einer großen Pflanze wirken viele kleine Erdbeerkakteen. Ihr leuchtendes Rot wird durch die eingesteckten Zweige noch betont.

Gelb, Pink und Orange, das Feuerwerk des Gymnocalycium mihanovichii bringt Farbe in den grauen Alltag. Wird das Substrat mit buntem Granulat abgedeckt, verstärkt das die Wirkung.

Pflegetipps

Standort: Sorgen Sie für einen hellen Platz. Gymnocalycium mihanovichii braucht täglich mindestens vier Stunden direkte Sonne. Auch im Winter sollten die Temperaturen nicht unter 10 °C fallen.

Pflege: Eine Pflanze mit minimalem Wasseranspruch. Bei geringeren Temperaturen im Winter können Sie sie sogar trocken halten. Dann braucht die Pflanze nur gegossen zu werden, wenn sie schrumpft. Anfällig sind diese Pflanzenkombinationen für Wollläuse. Setzen Sie sie in Kakteenerde und düngen Sie im Frühjahr einmal mit hoch phosphorhaltigem Dünger.

Extra: Wenn Sie Gymnocalycium mihanovichii vermehren wollen, können Sie Seitentriebe abnehmen und auf eine andere Kakteenunterlage aufpfropfen.

Gewöhnlicher Efeu

Hedera helix

Die Attraktivität und farbige Vielfalt seiner dreilappigen Blätter, seine Anspruchslosigkeit und seine immergrünen Triebe machen den Kletterstrauch aus der Familie der Araliengewächse, Araliaceae, zu einem Klassiker. Aufgrund seiner Haftwurzeln kann er sich an allem Möglichen emporziehen. Der Kletterkünstler macht sich auch als Ampelpflanze mit seinen hängenden Trieben gut.

In Form gebracht macht Hedera helix eine tolle Figur, die Drahtspirale beweist es. Die Bewegung der Pflanze mit dunklem Laub wird durch helle, getrocknete Gräser betont.

Im Korbgefäß mit Kürbis und Lavendel arrangiert – schon fühlt man sich wie auf dem Land. Der hohe Übertopf lässt die Triebe mit den panaschierten Blättern üppig nach unten ranken.

Pflegetipps

Standort: Als Waldpflanze kommt Hedera helix auch mit Halbschatten und Schatten zurecht. Sie können der Pflanze auch einen helleren Platz geben, sollten sie dann aber vor praller Sonne schützen. Weißbunte Arten und Sorten verlangen mehr Licht als die grünen.

Pflege: Halten Sie den Efeu gleichmäßig feucht. Es reicht, wenn Sie die Pflanze im Sommer alle zwei bis vier Wochen düngen.

Extra: Verschiedene Blattfärbungen von panaschiert und hell bis dunkellaubig prädestinieren Hedera helix als guten Partner, der die anderen Pflanzen zum Leuchten bringt. Wagen Sie deshalb auch Kombinationen mit blühenden Pflanzen.

Roseneibisch, Chinesischer Roseneibisch

Hibiscus rosa-sinensis

Tropenflair für die heimischen vier Wände gewünscht? Mit ihren großen Blüten in vielen Farben, einfach und gefüllt, die sich von glänzenden dunkelgrünen Blättern abheben, holt Hibiscus rosa-sinesis Urlaubsträume nach Hause. Die Pflanze aus der Familie der Malvengewächse, Malvaceae, stammt aus den tropischen Gebieten Asiens.

Das Duo von Hibiscus rosa-sinensis mit den leuchtend roten Blüten holt Power ins Haus. Manschetten aus Bast peppen die Töpfe schnell auf.

Die flexiblen Triebe des Hibiscus rosa-sinensis lassen sich auch in Form binden. Und solange noch nicht alle Knospen geöffnet sind, sorgt eine textile Hawaiikette für Blütengrüße.

Die zart weißen Blüten mit roter Mitte bilden einen dekorativen Kontrast zum dunklen Laub der Pflanze. Für Tropenfeeling sorgt die unkomplizierte Bastdekoration.

Hibiscus rosa-sinensis wirkt auch als Hochstämmchen besonders effektvoll. Mit bunten Lampions kommt Ferienstimmung auf.

Pflegetipps

Standort: Geben Sie Hibiscus rosa-sinensis einen sehr hellen bis vollsonnigen Platz, im Sommer gerne auch im Freien. Eine kühle und trockene Ruhezeit im Winter fördert die Blütenbildung im nächsten Jahr.

Pflege: Gießen Sie im Sommer reichlich, im Winter nur bei Bedarf. Während der Blüte einmal wöchentlich düngen. Im Januar/Februar kräftig zurückschneiden und umtopfen.

Blüte: Von März bis Oktober blüht Hibiscus rosa-sinensis mit trichterförmigen, 10 bis 15 Zentimeter großen Blüten. Entfernen Sie Verblühtes sofort. Neue Knospen bilden sich nach der Blüte, dann sollten Sie den Topf nicht mehr drehen.

Amaryllis, Ritterstern

Hippeastrum Cultivars

Ob in edlem Weiß, leuchtendem Rot oder raffiniertem Lachston: In der Winterzeit ziehen die Blüten von Hippeastrum, einem Zwiebelgewächs aus der Familie der Amaryllisgewächse alle Blicke auf sich. Die Naturform der Pflanze kommt aus der Andenregion von Peru, Kolumbien und Brasilien. Elegant und raffiniert in Szene gesetzt, lässt eine Amaryllis die Wohnung auch im grauen Winter aufblühen.

In einem Bett, weich wie Waldboden, stehen die edlen Blüten. Es besteht aus Moos, Hobelspänen und einem Korzenzieherhaselzweig, der Halt gibt.

Arrangement mit Durchblick. Im hohen Glasgefäß bahnt sich eine weiße Amaryllis ihren Weg zwischen rustikalem Wurzelwerk und drahtumwickelten Zypressenzweigen. Mahagonifrüchte und vergoldete Zapfen sorgen für Fülle.

Stolz schreibt man ihr in der Blumensprache zu, passend zur aufrechten Erscheinung und den auffälligen Blüten. Ein Blick ins Innere, wie bei diesem Exemplar, weckt Bewunderung.

Klassisch rot und trotzdem modern – umwickelte Holzstäbe, Weidenkugeln, Kiefernnadeln und Zieräpfel gehören zu diesem Stil.

Pflegetipps

Standort: Halten Sie die Pflanzen im Sommer sonnig bis halbschattig, in der Ruhephase ab Oktober dunkel und kühl.

Pflege: Kürzen Sie den Schaft nach der Blüte auf etwa zehn Zentimeter. Während der Ruhezeit nur soviel gießen, dass die Zwiebel nicht austrocknet. Ist der neue Blütenschaft wieder zehn Zentimeter hoch, fleißig gießen und düngen. Gönnen Sie den Pflanzen ab Oktober noch mal acht Wochen Trockenruhe. Während der Blütezeit brauchen Sie nicht zu düngen.

Blüte: Pünktlich zur Weihnachtszeit leuchten die Blüten von Hippeastrum bis in den Frühling hinein. Wenn Sie sie danach gut pflegen und die Ruhephasen einhalten, gelingt es, sie wieder zum Blühen zu bringen.

Howeapalme, Kentiapalme

Howea forsteriana

Mit der eleganten Kentiapalme als einer unkomplizierten Vertreterin der Palmengewächse, Arecaceae, kommt ein Stück Tropenflair ins Wohnzimmer. Ihre Vorfahren sind auf den australischen Lord-Howe-Inseln zuhause. Die fiedrig geteilten Wedel auf langen Blattstielen der bis zu 20 Meter hoch werdenden Schönheit fühlen sich aber auch in unseren Häusern wohl, wenn man Pflegedetails beachtet.

Entspannung unter Palmen: Der Pflanzenriese ist ein richtiger Blickfang in der Sitzecke. Noch exotischer wird's mit dem kugelförmigen Topf, der der Pflanze sicheren Stand verleiht, aber auch einen attraktiven Formenkontrast bildet.

Ein Duo fürs Dschungelfeeling zuhause bilden die Kentiapalmen in zwei verschiedenen Höhen. So wirkt's besonders dicht!

Pflegetipps

Standort: Die Howea forsteriana liebt es hell bis halbschattig. Vermeiden Sie unbedingt zu trockene Luft.

Pflege: Halten Sie das Substrat ganzjährig feucht, aber vermeiden Sie Staunässe. Düngen Sie die Howea forsteriana von Frühjahr bis Sommer einmal wöchentlich, im Winter nur alle drei bis vier Wochen. Übersprühen mit weichem abgestandenen Wasser verhindert trockene Spitzen.

Extra: Im Sommer tut der Kentiapalme eine natürliche Dusche draußen gut. Decken Sie dann aber die Erde gut ab, damit diese nicht zu nass wird.

Hortensie

Hydrangea macrophylla

Kaum einer ahnt, dass das Steinbrechgewächs eine echte Asiatin ist. Aus den Bergwäldern Japans und Koreas stammend, verschönert Hydrangea macrophylla bei uns traditionell ab dem Frühling das Haus. Ihre ball-, und tellerförmigen oder halbkugeligen Blütenstände strahlen üppig in Rosa, Rot, Weiß, Zartgrün oder Blau.

Das Farbspiel der Blüten reicht von Weiß über Hellgrün bis ins Rosé. Als Übertopf dieht eine mit Moos umwickelte Steckschaumkugel mit Perlchen.

Was für ein raffinierter Auftritt für die üppige Blütenschönheit! Ein Kranz aus aufgefädelten Efeublättern, deren Stiele wie Fransen an dem Gefäß herabhängen, bildet den Rahmen für die Scheindolden.

Romantik light: Auch wenn Sie moderne schlichte Möbel lieben, können Sie mit ein paar Handgriffen Atmosphäre zaubern: Duftig pastellfarbene Vorhänge und Kissen und eine prächtige Hortensie in einem großen Topf, schon wird es traumhaft verspielt. Nach der Blüte regeneriert sich die Pflanze an einem kühleren Standort.

Als Kontrast zu den lieblichen Blüten wirken graue Töpfe und Manschetten aus Flechtenstücken. Vor allem im Doppel ist diese Idee ein Blickfang für den modernen Landhausstil.

Pflegetipps

Standort: Geben Sie der Hydrangea macrophylla Platz, damit sie ihre Blütenstände entfalten kann. Im Halbschatten fühlt sie sich am wohlsten.

Pflege: Der Name sagt es, die Hydrangea braucht viel Wasser. Sie überwintert gerne in kühlen Räumen, dann sollten Sie sie weniger gießen. Bei zu warmer Überwinterung können Schädlinge und Pilze auftreten.

Blüte: Die Blütenfarbe wird vom ph-Wert bestimmt und wird meist Rosé. Für blaue Blüten, geben Sie Alaunlösung ins Gießwasser, sobald die Hortensie neu austreibt.

Kalanchoe, Filzblatt, Filzpflanze

Kalanchoe beharensis

Ihr Reiz liegt im Spiel des Lichts auf der Blattoberfläche. Die gewellten, silbergrau behaarten Blätter der Kalanchoe beharensis wirken immer wieder neu und anders. Die Pflanze, die zu den Dickblattgewächsen, Crassulaceae, gehört, kann in ihrer Heimat Madagaskar bis zu drei Meter hoch werden. Als Topfpflanze wirkt sie besonders effektvoll, wenn sie Platz hat, ihre bizarre Schönheit ganz zu entfalten.

Die glänzende Oberfläche der Gefäße und die samtig graugrünen Blätter – spannungsreicher und wirkungsvoller kann ein Kontrast nicht sein.

Zum skurrilen Wuchs der Kalanchoe beharensis bildet das würfelförmige Gefäß ein perfektes Gegengewicht. Ein Steckschaumquader wurde mit Kokosfaser umwickelt, Sand deckt die Erde ab.

Pflegetipps

Standort: Volle Sonne und Wärme, so fühlt sich die Kalanchoe beharensis wohl. Achten Sie darauf, dass sie auch im Winter eine Temperatur von mindestens 8 °C bekommt.

Pflege: Gießen Sie nur mäßig und im Winter weniger als im Sommer. Die Pflanze sollte nicht besprüht werden, sonst bilden sich Flecken auf den Blättern. Düngen Sie in den Sommermonaten nur zwei- bis dreimal. Anfällig ist die Kalanchoe beharensis für Blattläuse, Echten Mehltau und die Weichhautmilbe.

Blüte: Die Kalanchoe beharensis wirkt vor allem als Blattpflanze. Ihre rispenförmig angeordneten und unauffälligen Blüten erscheinen nur bei älteren Exemplaren.

Flammendes Käthchen

Kalanchoe blossfeldiana

Ein bunter Dauerbrenner fasziniert in immer neuen Looks! Kalanchoe blossfeldiana, ein Mitglied der Familie der Dickblattgewächse, Crassulaceae, aus dem Süden Afrikas blühte früher vor allem im Winter. Längst ist das jetzt ganzjährig möglich. Die kleinen, sternförmigen Blüten ihrer Trugdolden heben sich leuchtend vor den dunkelgrün glänzenden, wachsartigen Blättern ab.

Mini, mit gefüllten Blüten und in zartem Rosa – so wird die Kalanchoe blossfeldiana zur echten Herzenssache und mit den passenden Accessoires zur blühenden Liebeserklärung.

Kräftig rot leuchtet es in einem Topf im Natur-Style. Mit Kleister und Bastfasern kann man unansehnlichen Pflanzgefäßen so schnell einen neuen Look geben.

Ganz schön urig! Gelb leuchtet die Kalanchoe blossfeldiana aus rustikalen Töpfen in Rindenoptik. Bunte Bänder und Zierdraht nehmen die fröhliche Farbe wieder auf.

Ganz schön hip, die Kalanchoe im Patchwork-Look. Im klassischen Rot blüht sie in einem Gefäß, das kreuz und quer mit bunten Papierschnipseln beklebt wurde.

Pflegetipps

Standort: Damit sich die vielen kleinen Blüten entfalten können, sollten Sie der Kalanchoe blossfeldiana einen hellen Platz geben, aber die pralle Sommersonne meiden.

Pflege: Gießen Sie so, dass die Erde mäßig feucht aber niemals durchnässt ist, sonst droht Fäulnis. Außer in der Ruhezeit nach der Blüte regelmäßig düngen.

Blüte: Schneiden Sie Verblühtes regelmäßig ab, das fördert den Neuaustrieb und sorgt für lange Blütenfreude an der Kalanchoe blossfeldiana.

Kalanchoe, Wüstenkohl

Kalanchoe thyrsiflora

Eine echte Sonnenliebhaberin ist die Kalanchoe thyrsiflora. Kein Wunder, denn die attraktive Blattschmuckpflanze aus der Familie der Dickblattgewächse, Crassulaceae, stammt aus Südafrika. Mit ihren relativ großen, an der Spitze abgerundeten, weiß bereiften und manchmal rot geränderten Blättern ist sie ein Schmuckstück für jeden Wohnstil.

Schlicht und edel, hier wirkt vor allem das Grün der Kalanchoe thyrsiflora. Getrocknete Wollziest-Triebe, in die Töpfe gesteckt, sorgen für natürliche Akzente.

Ein ganzes Nest voll attraktiver Pflanzen! Eine flache Schale, ein Nest aus Zweigen und einige Kalanchoe thyrsiflora genügen, und schon entsteht ein Highlight in jedem Wohnzimmer.

Pflegetipps

Standort: Stellen Sie die Kalanchoe thyrsiflora ganzjährig hell und sonnig. Nach langsamer Gewöhnung verträgt sie sogar Mittagssonne.

Pflege: Pflanzen Sie die Kalanchoe in Kakteenerde und gießen Sie sie von Frühjahr bis Herbst durchdringend. Das restliche Wasser aus dem Topfuntersetzer abgießen. Vor dem erneuten Gießen den Wurzel-Erd-Bereich etwas antrocknen, nicht aber austrocknen lassen. In dieser Zeit können Sie auch mit halb konzentriertem Kakteendünger düngen. Im Winter weniger gießen.

Extra: Kalanchoe thyrsiflora ist eine der wenigen Kalanchoe-Arten, die nach der Blüte absterben, deshalb müssen sie durch Samen vermehrt werden.

Katzenohr

Kalanchoe tomentosa

Streichel mich! Die Kalanchoe tomentosa verlockt zum Berühren. Mit ihren, mit einem silbrigen, filzigen Belag überzogenen Blättern gehört sie zur Famile der Dickblattgewächse, Crassulaceae. Ihre Vorfahren haben sich auf felsigem Untergrund in Madagaskar entwickelt. Die kleinen, schmalen und leicht gezahnten Blätter sind an den Rändern rötlich bis braun verfärbt und zum Teil gesprenkelt. In ihrer Heimat wird die an Katzenohren erinnernde Pflanze ein bis 80 Zentimeter hoher Halbstrauch. In Zimmerkultur gelingt das nur nach Jahrzehnten.

Spiel mit Strukturen: Glattes Holz, raue Töpfe, wollige Sisalmanschette – das sind die Begleiter der samtigen Kalanchoe tomentosa. So kommen sinnliche Pflanzenfreunde auf ihre Kosten und das zierliche Gewächs groß raus.

Pflegetipps

Standort: An einem hellen bis sonnigen Standort fühlt sich Kalanchoe tomentosa wohl. Je silbriger, behaarter ihre Blätter sind, desto mehr Sonne verträgt sie.

Pflege: Gießen Sie die Pflanze und lassen Sie das Substrat zwischen zwei Wassergaben immer antrocknen. In den Sommermonaten einmal monatlich mit einem Universaldünger versorgen. Im Winter wird ganz sparsam gegossen.

Extra: Je älter die Pflanze wird, desto mehr verblassen die braunen Blattränder.

Trendshow mit Blattschönheiten. Auf dem Catwalk des Sideboards laufen die Topfmodels verhüllt mit Federn und Feenhaar, das ihnen mit Sprühkleber auf den Leib geschneidert wurde.

Lebender Stein

Lithops sp.

Um sich vor Feinden zu schützen und um in Wüstengegenden überleben zu können, so vermutet man, haben Lithops die Form von Steinen angenommen. Als Zimmerpflanze kommt dem Mittagsblumengewächs seine extravagante Optik zugute und macht es zu einem besonderen Blickfang für Pflanzenfreunde. Wenn man die Pflege den Bedingungen seiner Heimat, den Trockengebieten Südafrikas, anpasst, fühlt Lithops sich auch in unseren Wohnzimmern recht wohl.

Wie eine kleine Felsenlandschaft wirkt das Glas gefüllt mit Lithops-Arten, echten Steinen und anderen Sukkulenten.

Pflegetipps

Standort: Sorgen Sie dafür, dass der Lithops vier Stunden direkte Sonne täglich hat und dabei luftig steht. Im Winter braucht er einen kühleren Platz.

Pflege: Von Mai bis Jahresende erst bei trockener Erde gießen. In der Ruhepause zieht die Pflanze Feuchtigkeit aus den absterbenden Blättern. Einmal jährlich mit Spezialdünger düngen.

Extra: Durch die Blattoberseite bekommen die Zellen im Inneren der Pflanze Licht, um Photosynthese zu betreiben. Aus dem Spalt zwischen zwei Blättern erscheint ein neues Paar, das alte stirbt ab.

Coole Kombination: Im vorderen Metallgefäß wächst Lithops, im hintern der ähnlich wirkende Lebende Granit. Das passt auch in moderne Räume.

Drahtstrauch, Mühlenbeckie

Muehlenbeckia sp.

Zart und filigran verbreiten ihre langen Ranken Romantik und Leichtigkeit. Die Mühlenbeckie, aus der Familie der Knöterichgewächse, Polygonaceae, stammend, kommt aus felsigen Gebieten der Wälder Neuseelands. Die kleinen, rundlichen und frisch grünen Blättchen des Strauchs sitzen an meterlangen Trieben, die an jeder Stütze, die sich ihnen bietet, entlangklettern.

Frisch und frei ranken die Triebe der Muehlenbeckia über ein improvisiertes Gestell aus bunten Holzstäben. Das Pflanzgefäß ist mit Dschungelmoos umwickelt.

Grüne Farbtupfer setzt die rankende Pflanze überall in der Wohnung. Und das ganz unkompliziert und ohne großen Pflegeaufwand, denn sie gedeiht auch in Hydrokultur.

Von Herzen kommt die himmelblaue Bepflanzungsidee, bei der ein würfelförmiges Gerüst aus buntem Draht den zarten Ranken Halt gibt und sie in die gewünschte Form bringt.

Eine runde Sache! Statt Übertopf dient eine ausgehöhlte, mit Folie ausgelegte und im Patchworklook gestaltete Trockensteckschaumkugel als Gefäß für das Gewächs. Die Ranken kann man leicht in eine passende Form bringen.

Pflegetipps

Standort: Die Mühlenbeckie mag es hell bis halbschattig. Sorgen Sie dafür, dass sie nicht in der prallen Mittagssonne steht.

Pflege: Halten Sie den zarten Kletterer gleichmäßig feucht und düngen Sie ihn im Sommer alle zwei, im Winter alle vier Wochen.

Extra: Die zarte Schönheit macht, was ihre Form betrifft, was Sie wollen. Sie wächst an jeder Rankhilfe entlang und lässt sich beliebig in Form schneiden.

Kannenstrauch

Nepenthes Cultivars

Wenn sie sich in den Fängen der Nepenthes, der Familie der Kannenpflanzen, befinden, gibt es für Stubenfliegen kein Entrinnen mehr. Die bizarre Schönheit mit dem Appetit auf Insekten ist aber auf jeden Fall ein Hingucker und für Menschen völlig ungefährlich.

Hohe Keramikgefäße bilden einen tollen Hintergrund für die dunklen herabhängenden Kannen. Auch für Ampelbepflanzungen ist Nepenthes geeignet.

Pflegetipps

Standort: Nepenthes sollte das ganze Jahr über hell stehen. Schützen Sie die Pflanze aber vor praller Sonne.

Pflege: Lassen Sie das Substrat niemals ganz austrocknen, halten Sie es mit kalkarmem Wasser immer leicht feucht. Im Frühjahr und Sommer alle zwei Wochen mit Blumendünger versorgen. Die Pflanze liebt hohe Luftfeuchtigkeit.

Extra: Die Kannen sind „umgebaute" Blätter, in denen die Pflanze Insekten verdaut. Diese dienen als zusätzliche Stickstoffnahrung.

Pur, in einem weißen Übertopf, kann Nepenthes ihre raffinierte Wirkung am besten entfalten. Die Kannen ziehen auch ohne große Inszenierung die Blicke auf sich.

Aufrechter Schwertfarn, Nierenschuppenfarn

Nephrolepis exaltata

Für üppiges Grün sorgt Nephrolepis exaltata auch bei jedem, der sich ein Stück Natur ins Haus holen will. Die dekorative Pflanze stammt aus den tropischen und subtropischen Gebieten Amerikas. Ihre immergrünen, gewellten und gefiederten Wedel holen ein Stück Natur ins Haus.

Der natürliche Look steht ihm gut! Der dekorative hohe Korb, in der Mitte des Raumes positioniert, lässt dem Farn viel Platz sich zu entfalten.

Im Badezimmer fühlt sich Nephrolepis exaltata besonders wohl, dafür sorgt die relativ hohe Luftfeuchtigkeit in diesem Raum. Und ihre Wedel verwandeln eine nüchterne Nasszelle in ein einladendes Badeparadies.

Pflegetipps

Standort: Geben Sie Nephrolepis exaltata einen hellen bis halbschattigen Platz, direkte Sonneneinstrahlung oder Heizungsnähe verträgt die Pflanze nicht. Der robuste Zimmerfarn braucht im Alter viel Platz.

Pflege: Sorgen Sie dafür, dass die Erde gleichmäßig feucht ist, die Pflanze verträgt weder Trockenheit noch Nässe. Gedüngt wird nur leicht im Frühjahr und Sommer. In trockenen Räumen müssen Sie den Farn regelmäßig mit kalkarmem Wasser besprühen.

Extra: Bei einem kräftigen Sommerregen tut es dem Schwertfarn gut, wenn Sie ihn ins Freie stellen. Durch Teilung dichter Exemplare lässt sich die Pflanze leicht vermehren.

Sumpf-Rasierpinselbaum

Pachira aquatica

Wie ein Rasierpinsel ragen die Blätter der Pachira aquatica über den geraden Stamm, das gab ihr den deutschen Namen. Die imposante, bis zu zwei Meter hohe Pflanze kann in ihrem flaschenförmig verdickten Stamm auch Wasser speichern. Das Wollbaumgewächs stammt aus Südamerika und hat fünfgeteilte, nach unten hängende, glänzende Blätter.

Eine eindrucksvolle grüne Insel bildet der Rasierpinselbaum in jedem Raum, dekorativ unterpflanzt mit Korbmaranthe, Blattbegonie und Mühlenbeckie.

Pflegetipps

Standort: An einem halbschattigen bis schattigen Ort gedeiht Pachira aquatica besonders gut. Achten Sie darauf, dass die Luft nicht zu trocken ist.

Pflege: Die Pflanze ist recht anspruchslos in der Pflege, sorgen Sie aber dafür, dass das Substrat immer leicht feucht ist.

Extra: Im Handel finden Sie häufig Exemplare, bei denen mehrerer Triebe zusammengepflanzt wurden, die sich zopfartig verflochten weiterentwickeln.

Das Duo in hohen Töpfen mit Rostoptik verwandelt die Sofaecke in einen geschützten Rückzugsort. Trotzdem bleibt die leichte, luftige Wirkung gewahrt.

Frauenschuh, Venusschuh

Paphiopedilum Cultivars

So wie schicke Schuhe das Outfit einer Frau glamourös unterstreichen, verleihen Paphiopedilum-Orchideen dem Zuhause das gewisse Etwas. Die Naturform der attraktiven Pflanze aus der Familie der Orchideen wurde Ende des 19. Jahrhunderts in Südamerika entdeckt. Mittlerweile gibt es eine schier unerschöpfliche Vielfalt an Farben und Formen.

Stolz ragen die kleinen Blüten mit raffinierter Grün-Weiß-Zeichnung aus Glaszylindern empor. Die Wurzelballen sind mit Moos und Steelgras umwickelt und mit Glassteinen akzentuiert.

Glas und Orchideen – eine edle Kombination! Das durchsichtige Gefäß ist mit violett gefärbten Schoten gefüllt, die mit den Blüten harmonieren. Raffiniert wirkt ein Kränzchen aus Hasenschwanzgras.

Elegant in Szene gesetzt in einem hohen Glasgefäß, das mit bemoosten Zweigen gefüllt ist: So wird Paphiopedilum zum faszinierenden Blickfang in Räumen mit wenig Platz.

Hinter Glas blüht ein Frauenschuh in Violett und Weiß, Farbtöne, die die Dekoration aus Ästen, Draht und Zweigen wieder aufnimmt. Diese Accessoires winden sich um eine moosumwickelte Steckschaumkugel, in die die Pflanze eingesetzt wurde.

Strahlend gelb und weiß blüht diese Paphiopedilum-Sorte. Raues Kokosband und gebleichte Zweige bilden einen raffinierten Kontrast.

Weidenkätzchen und ein Kragen aus silberblattverhülltem Steckschaum sind die Bühne, auf der die weiß-grüne Orchidee ihr Können unter Beweis stellt.

Aus Zweigen von Korkenzieherhasel steigen die Blüten, die zwischen Purpur und Braun changieren, auf. Passend dazu wurde auch der Kulturtopf verhüllt.

Pflegetipps

Standort: Die eleganten Blüher lieben indirektes Licht. Stellen Sie sie hell aber nicht voll sonnig.

Pflege: Gießen Sie mit viel Wasser und lassen Sie das Substrat immer wieder gut austrocknen. In die Blattachseln oder die Herzblätter darf kein Gießwasser gelangen. Bei zu trockener Haltung kann es zu Spinnmilben kommen, bei zu nasser können die Blätter wegfaulen und sich die Knospen nicht öffnen.

Blüte: Die typische Blütezeit für Paphilopedium ist Frühjahr oder Herbst. Mindestens zwei bis vier Monate hält die Pracht

Gerunzelte Peperomie, Smaragdpeperomie

Peperomia caperata

Lust auf ein wenig brasilianisches Feuer? Dort kommt Peperomia caperata aus der Familie der Pfeffergewächse nämlich her. Ihre herzförmigen runzeligen Blätter wirken ganz für sich alleine, sind aber auch attraktive Begleiter für andere Pflanzen.

Glanzvoller Auftritt für zwei Blattschönheiten. Peperomia caperata sorgt durch verschiedene Farben für Spannung.

Quartett aus Blatt und Blüte. Die leuchtenden Blüten von Frauenschuh heben sich von den dunklen Peperomienblättern effekvoll ab.

Die große Vielfalt der Peperomia-Arten lässt sich gut mit Peperomia caperata, vorne im Bild, kombinieren. Schlichte Glasgefäße stehlen den Pflanzen nichts von ihrer Wirkung.

Topf in Topf, eine Gestaltungsidee, die ganz modern und gleichzeitig raffiniert wirkt. Der innere Topf ist bepflanzt, der Zwischenraum zum äußeren Topf in Betonoptik ist mit Moos ausgefüllt.

Pflegetipps

Standort: An einem hellen bis halbschattigen Standort gedeiht Peperomia caperata bestens. Vor direkter Sonne sollten Sie sie schützen und dafür sorgen, dass die Temperaturen auch im Winter nicht unter 15 °C sinken.

Pflege: Die robuste Pflanze stets mäßig feucht halten. Aber achten Sie darauf, dass keine Staunässe entsteht. Düngen Sie von Frühjahr bis Herbst alle zwei Wochen.

Blüte: Auch wenn die Blätter die Hauptattraktion der Peperomia caperata sind, von Frühjahr bis Herbst kann sie sich auch mit Blüten schmücken. Ohne Kelch- und Blütenblätter stehen diese dann, cremeweiß, in Ähren über dem Laub.

Malaienblume, Schmetterlingsorchidee

Phalaenopsis Cultivar

Die exquisiten Blüten der Phalaenopsis gehören zu den beliebtesten Pflanzen an unseren Blumenfenstern. Die Mitglieder der Familie der Orchideengewächse, Orchidaceae, kommen aus Indonesien, Nordaustralien und Ostasien. Dort wachsen ihre natürlichen Verwandten epiphytisch, das heißt, sie sitzen auf anderen Pflanzen, meist auf Ästen, Astgabelungen und Rindenspalten von Bäumen.

So stylisch können Schmetterlingsorchideen sein. Ihre Mini-Ausgaben werden, wie Moos oder bunter Draht, in trockene Fruchthüllen gesetzt.

Ein kleiner Garten für Zuhause! Phalaenopsis im Miniformat werden mit Schoten in eine flache Keramikschale gesetzt und so zu einem wunderschönen blühenden Paradies fürs Wohnzimmer.

Ein naher Blick auf die Blüte offenbart die faszinierende Schönheit eines einzelnen Phalaenopsis-Exemplars.

Ein Hauch von Asien weht durch den Raum! Eine Keramikschale ist mit Bambusabschnitten in verschiedenen Höhen ausgefüllt, dazwischen blühen kleine Phalaenopsis. Fast wie im Land der aufgehenden Sonne!

Pflegetipps

Standort: Die Orchidee liebt Licht. Stellen Sie sie hell bis halbschattig und vermeiden Sie direkte Sonne.

Pflege: Halten Sie das spezielle Orchideensubstrat ganzjährig mit kalkfreiem Wasser mäßig feucht. Erst gießen, wenn das Substrat abgetrocknet ist. Während der Wachstumsphase sollten Sie die Phalaenopsis alle zwei Wochen düngen.

Blüte: Viele Phalaenopsis-Hybriden beginnen im Januar zu blühen und erfreuen Sie oft monatelang. Nach der Blüte können Sie den Trieb nach dem dritten ruhenden Auge von unten abschneiden, um die Orchideen zu neuer Blüte anzuregen.

Gewöhnlicher Geweihfarn

Platycerium bifurcatum

Wie ein Gewächs aus der Urzeit erscheint Platycerium bifurcatum aus der Familie der Tüpfelfarngewächse, Polypodiaceae. Seine markanten grünen Blätter erinnern an ein Elchgeweih. Diese auffällige Pflanze, deren Heimat das australische Queensland ist, wird überall zum grünen Blickfang.

Wie eine lebende Skulptur hat Platycerium bifurcatum, im außergewöhnlichen Gefäß mitten im Raum platziert, seinen großen Auftritt.

Urwaldfeeling im Bad? Am Wannenrand hat Platycerium bifurcatum genügend Licht und Wärme, um zu gedeihen und für besonderes Flair zu sorgen.

Natur pur! Winzige Schneckenhäuser geben dem halbkugelförmigen Pflanzgefäß Halt, größere Exemplare verstecken sich zwischen den Blättern des Geweihfarns.

Urige Zweige sind ein passendes Accessoire für Platycerium bifurcatum, weil sie das Urwaldflair gekonnt unterstützen. Ein helles Gefäß mit ruhiger Oberfläche bringt die extravagante Blattform perfekt zur Geltung.

Pflegetipps

Standort: Hell bis halbschattig sollte der Platz sein, an dem sich Platycerium bifurcatum wohlfühlt. Achten Sie auch darauf, dass die Pflanze immer warm steht.

Pflege: Statt sie zu gießen, tauchen Sie die Pflanze am besten einmal in der Woche in weiches, zimmerwarmes Wasser. Von April bis August können sie den Farn auch schwach düngen.

Extra: Platycerium bifurcatum hat zwei verschiedene Blattarten: die geweihförmigen Mantelblätter und braune Nischenblätter. Die abgestorbenen Nischenblätter sollten Sie nicht entfernen, sie bilden wieder Humus.

P

Buntnessel

Plectranthus scutellarioides

Farbenprächtig und pflegeleicht – Plectranthus scutellarioides stiehlt als abwechslungsreiche Blattschmuckpflanze mancher auffälligen Blüte die Show. Er gehört zur Familie der Lippenblütler, Lamiaceae, und ihre Wildformen stammen aus Afrika und Asien. Die zum Teil gewellten und gezahnten Blätter in vielen Grün-, Braun- und Rottönen wirken solo und in Kombination mit anderen Pflanzen interessant.

Ruhiger Rahmen für Blätter, die dunkelrot und hellgrün leuchten. Ein blattumwickelter Kranz hält die Buntnessel im Zaum.

Das verspielte Duo schmückt die Fensterbank. Kränze aus Zierkordel oder Pfeffer sorgen für eine liebliche Note.

Der Einfallsreichtum der Natur offenbart sich beim Blick aus der Nähe. Spitze bis herzförmige Blätter überraschen immer wieder mit neuen Farbspielen.

Edel wirken die Blätter des Plectranthus scutellarioides in einem Farbton, der fast schwarzrot ist. Betont wird diese Ausstrahlung durch ein bootförmiges, matt schwarzes Gefäß und lange Zweige. Die Erde wird mit Moos abgedeckt.

Pflegetipps

Standort: Stellen Sie Plectranthus scutellarioides an einen sonnigen bis leicht schattigen Standort. Wenn der Standort zu dunkel ist, kann sich die Färbung verlieren.

Pflege: Im Sommer sollten Sie die Pflanze reichlich gießen, im Winter braucht sie weniger Wasser. Von März bis August alle zwei Wochen düngen. Plectranthus scutellarioides ist nicht sehr langlebig, durch Stecklinge können Sie ihn aber unkompliziert vermehren.

Extra: Schneiden Sie den Plectranthus regelmäßig zurück, dadurch regen Sie den frischen Austrieb an. Auch die unauffälligen hellblauen Blüten knipsen Sie am besten gleich ab.

Lebender Granit

Pleiospilos nelii

Dass man Pflanzen vor sich hat, sieht man erst auf den zweiten Blick! Pleiospilos nelii, aus der Familie der Mittagsblumengewächse, Aizoaceae, wirkt wie ein Stein und lässt sich für raffinierte, moderne, grüne Wohnideen ideal einsetzen. Aufgrund seiner sukkulenten Eigenschaften ist er an das Leben in niederschlagsarmen Gebieten wie Südafrika gewöhnt und braucht entsprechende Bedingungen.

Ist hier ein Pflanzenufo gelandet? Lebender Granit und echte Steine füllen eine Schale, die aus dem Weltall zu kommen scheint und den Geschmack aller trifft, die es „spacig“ mögen.

Kühles Grau wirkt modern und raffiniert. Die Farbe der langen Pflanzschale greift den Ton des Pleiospilos nelii und der Silber-Dreimasterblume auf, die den Mittelpunkt der Bepflanzung bildet.

Grüne Kunst. Eine Schale voll mit Lebendem Granit thront auf einem Gestell aus geweißten Ästen und einem mit Wollziestblättern umklebten Sockel.

Glänzend ist die Idee, Pleiospilos nelii in schimmernde metallische Gefäße zu pflanzen. Die matte Oberfläche der Pflanzen wird von dem glatten Material der Schalen perfekt kontrastiert.

Geradlinig wurden die Pflanzen fein säuberlich eine neben der anderen aufgereiht. So passt ein bisschen Natur auch in schnörkelloses Wohnambiente.

Das feine Tupfenmuster, die glatten Kanten – Pleiospilos nelii ist eine Pflanze, die nicht nur raffiniert aussieht, sondern auch zum Anfassen verführt.

Durch die Wände der hohen Glasvase fällt der Blick auf den Lebenden Granit wie durch ein Vergrößerungsglas. Eine raffinierte Wirkung, als wäre es eine Bodenprobe vom fernen Planeten.

Pflegetipps

Standort: Pleiospilos nelii liebt es das ganze Jahr hindurch hell. In den Sommermonaten sollten Sie ihn vor der prallen Mittagssonne schützen. Im Winter sollten die Temperaturen nicht über 10 °C liegen.

Pflege: Mit gängiger Pflanzenerde kommt der Lebende Granit nicht gut zurecht, sie speichtert zuviel Wasser, was zu Wurzelfäulnis führen kann. Pflanzen Sie ihn deshalb in ein gut durchlässiges Substrat mit hohem mineralischen Anteil. Gießen Sie von unten und vermeiden Sie Staunässe. Düngen Sie während des Wachstums einmal monatlich mit halb dosiertem Kakteendünger.

Blüte: Im Sommer zieht die Pflanze auch gerne auf Balkon oder Terrasse um. Achten Sie darauf, dass keine Staunässe durch Regenwasser entstehen kann.

Schildfarn

Polystichum tsus-simense

Zierlich und üppig grün zugleich! Das Polystichum tsus-simense aus der Familie der Wurmfarngewächse, Dryopteridaceae, ist in den Wäldern Japans, Koreas und Taiwans zuhause. Aber seine zugespitzten Wedel mit gefiederten dunkelgrünen Blättchen bringen die Natur auch in unsere Wohnungen und sind dabei auch noch pflegeleicht.

Nicht nur optisch ein gutes Gespann: Die Pflegebedingungen von Schildfarn und Frauenhaarfarn (hinten) legen nahe, die beiden einfach zu kombinieren.

Üppiges Grün macht aus dem Bad ein Paradies zum Entspannen. In einer Holzschale mit Naturschwamm und Kosmetikprodukten sieht der Schildfarn nicht nur schön aus, das Arrangement ist auch praktisch.

Pflegetipps

Standort: Sorgen Sie dafür, dass Polystichum tsus-simense hell bis halbschattig steht und keine volle Sonne hat. Im Winter verträgt er auch kühlere Temperaturen.

Pflege: Der Schildfarn darf nie austrocknen, auch im Winter nicht, wenn er weniger Wasser braucht. Düngen Sie ihn im Sommer alle zwei bis drei Wochen schwach. Schildfarne sind anfällig für Blatt- und Schildläuse.

Blüte: Im Garten ist diese Pflanze sehr viel weiter verbreitet als als Zimmerpflanze. Aber ein Versuch lohnt sich, denn sie lässt sich sehr leicht pflegen.

Rutenpalme, Steckenpalme

Rhapis excelsa

Wer Palmengewächse, Arecaceae, liebt und dennoch auf zierliche filigrane Formen nicht verzichten möchte, wird sich für Rhapis excelsa begeistern. Die asiatische Palmenschönheit fügt sich auch in mittelgroßen Räumen perfekt ein. Sie ist vielstämmig, und ihre gefächerten, tief eingeschnittenen Blätter sind kräftig grün.

Für kleine Ruheoasen im Alltag bietet Rhapis excelsa einen wunderschönen Ausblick.

Ihr üppiger und dennoch feingliedriger Wuchs gibt einem modernen Wohnambiente einen Hauch von Exotik. Ein Fenster in der Nähe versorgt die asiatische Schönheit mit dem notwendigen Licht.

Pflegetipps

Standort: Auch wenn sie es hell liebt: Geben Sie Rhapis excelsis keinen direkten Sonnenplatz. Im Sommer fühlt sie sich auch draußen an einer geschützten Stelle wohl.

Pflege: Rhapis excelsa möchte das ganze Jahr lang feucht gehalten werden, verträgt aber keine stauende Nässe. Während der Wachstumsphase im Sommer sollten Sie alle zwei Wochen düngen.

Extra: Wenn Sie die Pflanze, etwa alle drei Jahre im Frühling, umtopfen, können Sie Ausläufer abtrennen und einzeln eintopfen.

Binsenkaktus, Rutenkaktus

Rhipsalis baccifera

Filigran rankt die Rhipsalis baccifera in die Tiefe. Das Kakteengewächs, das in den Urwäldern von Afrika bis Sri Lanka weit verbreitet ist, ist mit seinen schlanken, zylindrischen Trieben auch als Ampelpflanze bestens geeignet. Ein interessanter Blickfang auch auf Säulen!

Die lässig rankenden Triebe nehmen dem schwarzen Pflanzgefäß die Strenge und Glaskugeln sorgen für besondere optische Effekte.

Grüne Oasen am Arbeitsplatz sorgen für Kreativität und Konzentration. Der Binsenkaktus wächst locker am Schreibtisch herunter.

Pflegetipps

Standort: Stellen Sie Rhipsalis baccifera an einen hellen Platz, aber achten Sie darauf, dass sie keine volle Sonne bekommt. In den Sommermonaten tut ihr auch ein Standort an der frischen Luft im Halbschatten gut.

Pflege: Die Pflanze mag es gleichmäßig feucht und sollte im Sommer mäßig gedüngt werden. Sprühen Sie regelmäßig mit kalkarmem Wasser.

Blüte: Im Winter blüht Rhipsalis baccifera in sternförmigen, weißlich bis cremefarbenen Blüten. Sie sind bis ein Zentimeter lang und duften.

Indica-Azalee

Rhododendron simsii

Verschwenderische Blütenfülle im Winter gesucht? Die Antwort heißt Rhododendron simsii. Das nicht ganz anspruchslose Heidekrautgewächs stammt aus China und Taiwan. Bei besonders schönen Exemplaren wird das dunkelgrüne Laub fast ganz von den üppigen Blüten verdeckt.

Zarte weiße Blüten mit einem roten Rand – bei einer so auffälligen Erscheinung darf das Drumherum, wie das Pflanzgefäß, ruhig unauffällig sein.

Wie durch die rosarote Brille betrachtet! Die Glasgefäße nehmen den Farbton der Blüten von Rhododendron simsii gekonnt wieder auf.

Faszinierender Blick auf die prächtigen aber sensiblen Blüten. Steht die Azalee tagsüber warm, tut ihr nachts ein kühlerer Raum gut.

Lieben Sie's asiatisch? Der Rhododendron simsii auch. In Kombination mit Schwarz, einem Glasgefäß, das mit Sonnenblumenkernen gefüllt ist, und Asia-Accessoires gelingt's im Handumdrehen.

Ganz schön extravagant! Die Kranzmanschette aus Flechten wird auf den Rand des schwarzen Topfs gelegt, bevor die Pflanze eingestellt wird, feine Zweige und Kiefernnadeln liegen darüber.

Formvollendet verlängert die Manschette aus Sisalfaser die Wände des Pflanzgefäßes. Alles Ton in Ton, so wirkt es ganz edel.

Gewagtes Outfit trifft klassisch rote Blüten! Eine Manschette aus kuscheligem Kunstpelz sorgt für die extravagante Note der Indica-Azalee.

Pflegetipps

Standort: Als blühende Pflanze sollte Rhododendron simsii hell stehen und vor dem Austreiben kühl überwintern. Im Sommer können Sie sie auch draußen in den Halbschatten stellen.

Pflege: Im Zimmer stets gut feucht halten. Trockene Pflanzenballen für eine halbe Stunde ins Wasser stellen, damit sie sich vollsaugen. Übersprühen Sie die Pflanze mit kalkarmem Wasser und düngen Sie von Frühjahr bis Herbst 14-tägig mit Spezialdünger.

Blüte: Endständig bilden sich im Herbst runde, dicke Knospen, die große Blüten in Weiß, Rosa, Rot und Violett hervorbringen.

Usambaraveilchen

Saintpaulia ionantha

Für viele ist Saintpaulia ionantha der Inbegriff einer Zimmerpflanze. Ihren Ruf als spießige Bewohnerin von Großmutters Blumenfenster ist das aus Ostafrika stammende Gesneriengewächs mittlerweile los. Kein Wunder, bei den vielseitigen Möglichkeiten, die Pflanze für jeden Stil passend in Szene zu setzen und bei den vielen Varianten in allen Farben, einfach oder gefüllt, gekraust oder gewellt. Alleine in den USA sind 4000 Sorten registriert.

Gefilzte Nuggets wurden der knallig pinkfarbenen Saintpaulia ionantha um den Hals gelegt – ganz im Trend!

So raffiniert kennt man es nicht: Das Usambaraveilchen in einer mauvefarbenen Schale, die am Rand mit kurzen Holzstäbchen gefüllt ist. So kommt jedes Blatt perfekt zur Geltung.

Deko mit Durchblick! In wenigen Augenblicken sind Gräser um die Töpfe mit den blühenden Pflanzen gewickelt und alles zusammen in ein zylindrisches Glas gestellt.

Umringt von einem Kranz aus Hagebutten wurde eine ganze Gruppe Saintpaulia ionantha in eine Schale gepflanzt. So viel Blütenpracht wirkt herrlich üppig!

Pflegetipps

Standort: Saintpaulia ionantha fühlt sich an einem hellen, nicht vollsonnigen Platz am wohlsten. In der prallen Sonne können die Blätter leicht gelb werden und die Blüten lassen nach.

Pflege: Gleichmäßig feucht halten und mäßig düngen. Achten Sie darauf, die Blätter beim Gießen nicht zu benetzen und nur zimmerwarmes Wasser zu verwenden.

Blüte: Saintpaulia ionantha blüht fast ganzjährig. Schneiden Sie welke Blüten und Blätter nicht ab, sondern ziehen Sie sie mit einem kräftigen Ruck aus der Rosette, damit die Stielreste nicht faulen können.

Bogenhanf, Schwiegermutterzunge

Sansevieria trifasciata

Perfekt für Puristen – unter Designfans gilt die Sansevieria trifasciata schon fast als moderner Klassiker in Grün. Das Drachenbaumgewächs aus dem tropischen Afrika fasziniert durch seinen Wuchs, ist stilistisch wandlungsfähiger, als man denkt, und obendrein besonders pflegeleicht.

Für Wüstensöhne wird die Sansevieria mit verschiedenem Sand abgedeckt. Die goldene Muschel akzeptieren auch Puristen.

Eine glänzende Idee, die, grüne Pflanze mit einem silberfarbenen kubischen Gefäß zu betonen. Kieselsteine bringen organische Formen ins Spiel und bedecken die Erde.

Es geht hoch hinaus! Die eindeutige Wuchsrichtung der Sansevieria trifasciata wird durch Stäbe, die mit Zierdraht umwickelt sind, betont.

Pflegetipps

Standort: Von direkter Sonne bis zum Nordfenster – alles ist möglich. Je mehr Licht die Sansevieria trifasiata hat, desto mehr Wasser braucht sie auch.

Pflege: Gießen Sie sparsam, die Sansevieria trifasciata kommt mit wenig Wasser aus. In der Wachstumszeit können Sie die Pflanze ein- bis zweimal düngen.

Extra: Weil sie mit der Zeit einstauben, sollten Sie die Blätter von Zeit zu Zeit mit einem feuchten Tuch abwischen.

Weniger cool und fast schon im Landhauslook, auch so geht's. Töpfe mit natürlich wirkender Oberfläche, Filzkränze und verspielte Ornamente beweisen es.

Schlanke Braunrote Schlauchpflanze

Sarracenia purpurea

Schöner als Fliegenfänger! Die Sarracenia purpurea, aus der Familie der Krugblattgewächse lockt mit Nektar Insekten in ihren Schlauch. Aus den Moorgebieten Nordamerikas stammend, ist die fleischfressende Pflanze nicht nur interessant, sondern auch ein raffinierter Blickfang im modernen Ambiente.

Ein „Trio infernale", das Fliegen fürchten. In schlichten, weißen Gefäßen für uns Menschen auf jeden Fall ein optischer Genuss.

Ganz natürlich! Als Styling reicht schon ein bizarres, gebleichtes Stück Treibholz, und schon entsteht eine raffinierte lebende Skulptur.

Pflegetipps

Standort: In den Sommermonaten liebt es die Sarracenia purpurea hell und sonnig, im Winter allerdings können Sie ihr sogar einige Wochen völlige Dunkelheit zumuten.

Pflege: Die Moorpflanze mag es nicht trocken. Achten Sie darauf, dass das Substrat ständig mit kalkfreiem Wasser gut feucht gehalten wird.

Extra: Die Sarracenia purpurea ist eine insektenverzehrende Pflanze, eine Insektivore. Fängt sie genug natürliche „Nahrung", braucht sie nicht gedüngt zu werden.

Kleine Strahlenaralie

Schefflera arboricola

Als verlässlicher, unkomplizierter Mitbewohner verzeiht die Schefflera arboricola auch kleinere Pflegesünden. Das Araliengewächs stammt aus Taiwan. Seine handförmig geteilten Blätter sind meistens dunkelgrün, es gibt aber auch zahlreiche panaschierte Mutationsformen.

Als Hochstämmchen begrünt die Schefflera arboricola die Sofaecke und beweist, dass sie auch in Hydrokultur gut gedeiht.

Ein lebendiger Paravent wächst am Fenster mit Exemplaren, deren panaschierte Blätter einen Hauch Frische ausstrahlen.

Pflegetipps

Standort: Die Schefflera gedeiht auch an halbschattigen Standorten, mag es aber lieber hell ohne volle Sommersonne. Steht die Pflanze zu kühl, wirft sie Blätter ab.

Pflege: Halten Sie die Schefflera arboricola gleichmäßig feucht, aber meiden Sie Staunässe, damit keine Wurzelfäule entsteht. Im Sommer alle zwei Wochen düngen, im Winter Nährstoff- und Wassergaben reduzieren.

Extra: Ihre Kleine Strahlenaralie ist zu groß geworden? Im Frühjahr können Sie sie nach Belieben zurückschneiden.

Gefleckte Efeutute

Scindapsus pictus

Dass üppig rankende Grünpflanzen nicht nur etwas für Romantiker sind, beweist Scindapsus pictus, ganz ohne Schnörkel arrangiert. Das Aronstabgewächs war ursprünglich auf den Salomon-Inseln und in Malaysia heimisch. Mit seinen herzförmigen, weiß gesprenkelten Blättern sucht es sich hängend oder kletternd seinen Weg.

Damit das Pflanzgefäß, aus dem die Hängepflanze herunterrankt, attraktiv wirkt, werden Schieferstücke eingefüllt.

Wie im Spiegelkabinett vervielfacht die Oberfläche der glänzenden Kugel die Blätter des Scindapsus, der sich rund um sie rankt.

Pflegetipps

Standort: Schützen Sie Ihren Scindapsus pictus vor direkter Sonne und geben Sie ihm einen hellen bis halbschattigen Platz.

Pflege: Die Erde darf nicht austrocknen, halten Sie sie deshalb stets leicht feucht und düngen Sie von Frühjahr bis Herbst alle ein bis zwei Wochen. Bei Lufttrockenheit ist die Pflanze anfällig für Spinnmilben

Extra: Die Ranken von Scindapsus pictus bilden Haftwurzeln, mit denen die Pflanze sich an Oberflächen anhaften und halten kann.

Fetthenne, Mauerpfeffer

Sedum burrito

Eine Pflanze zum Schmunzeln. Die Triebe von Sedum burrito sind dicht mit fleischigen Blättern besetzt und kringeln sich fröhlich aufrecht oder, bei älteren Pflanzen, hängend. Das Dickblattgewächs, das aus Mexiko stammt, setzt in jedem Wohnstil Akzente. Sein matt grauer Belag wirkt extravagant und modern, seine Form setzt verspielte Akzente.

Raffiniert gerahmt fällt die quirlige Pflanze gleich ins Auge. Als Rahmen dient ein mit hellen Steinchen beklebter Steckschaumring.

Ein neuer Blickwinkel setzt Sedum burrito ungewohnt in Szene. Zum Beispiel ganz raffiniert in eine große Glaskugel gepflanzt und mit einem Dekostein als Eyecatcher.

Pflegetipps

Standort: Rund ums Jahr einen sonnigen Platz und im Sommer gerne draußen, so fühlt sich die Fetthenne wohl.

Pflege: Kakteenerde ist das passende Substrat für Sedum burrito. Gießen Sie soviel, bis kein Wasser mehr aufgenommen werden kann, und schütten Sie das übrige nach einigen Minuten aus dem Untersetzer. Vor dem nächsten Gießen darf die Pflanze austrocknen. Düngen Sie in den Sommermonaten mit Kakteendünger.

Extra: Vorsicht zerbrechlich! Die fleischigen Pflanzenteile von Sedum burrito brechen sehr leicht ab.

Greiskraut, Kreuzkraut, Erbsen-am-Faden

Senecio rowleyanus

Eine der reizvollsten rankenden Zimmerpflanzen ist Senecio rowleyanus. Bei dem aus Südafrika stammenden Korbblütler sind kleine, etwa ein Zentimeter lange, fast kugelförmige Blätter mit durchscheinenden Streifen an dünnen Trieben wie an einer Perlenschnur aufgereiht. Die zarte und fragile Pflanze kann ihre Wirkung besonders in Ampeln und an Säulen entfalten.

Pflanzsäule selbst gemacht: Ein hohes Glasgefäß ist mit verschiedenen Granulatschichten gefüllt. Die Seneciotriebe ranken zierlich darüber.

Zu mehreren aufgereiht sind Pflanzen ein tolles Gestaltungselement im Raum, wie die drei Greiskraut-Exemplare in schiefergefüllten Glaswürfeln beweisen.

Wer's klassisch liebt, setzt mit einem amphorenartigen Gefäß, an dem Senecio herunterrankt, Akzente. Wirkungsvolles Accessiore im Grün sind Ringe aus Peddigrohr.

Pflegetipps

Standort: Senecio rowleyanus liebt die Sonne und braucht täglich mindestens vier Stunden Licht.

Pflege: Gießen Sie von Frühjahr bis Herbst bei trockenem Substrat, im Winter nur so viel, dass die Pflanze nicht schrumpft. Ab dem zweiten Jahr während des Wachstums einmal monatlich düngen.

Blüte: Ältere Pflanzenexemplare können im Sommer weiße bis roséfarbene Korbblüten bilden.

Landeplatz für Schmetterlinge! Ein Mauervorsprung wird schnell begrünt mit Bechern voll Senecio rowleyanus. Dekofalter sind an Draht einfach in die Pflanzen gesteckt. Das verbreitet Sommerflair.

Echte Zimmerlinde

Sparrmannia africana

Klimaanlage in Grün! Sparrmannia africana verdunstet mit ihren großen, weichen, herzförmigen Blättern so viel Wasser, dass sie die Luftfeuchtigkeit im Raum erhöht. Das Lindengewächs stammt aus Südafrika und verbreitet mit seiner Optik Optimismus und gute Laune im Raum.

Lässig und natürlich, so passt die Sparrmannia africana zu jedem Stil. Ein schlichter Korb, umwickelt mit Sisal und Schoten macht's möglich.

Helles Grün macht den minimalistischen Japan-Stil lebendig. Ein matter weißer Topf für den kleinen Baum fügt sich am besten ein.

Pflegetipps

Standort: Hell bis halbschattig sollte der Standort für Sparrmannia africana sein, im Sommer gedeiht sie auch draußen, im Winter kühler stellen.

Pflege: Die großen Blätter der Zimmerlinde verdunsten viel Wasser. Im Sommer sollten Sie deshalb reichlich gießen und düngen. Im Winter bei kühlem Standort nur leicht feucht halten.

Blüte: Sparrmannia africana verträgt ohne Probleme einen Rückschnitt, wenn sie zu groß geworden ist. Der beste Zeitpunkt ist das Frühjahr, wenn das Wachstum wieder einsetzt.

Kranzschlinge

Stephanotis

Die schneeweißen Blüten der Stephanotis wurden früher in jeden Brautkranz gewunden. Das erklärt den deutschen Namen des Seidenpflanzengewächses aus Madagaskar. Von den dunkel glänzenden Blättern heben sich die duftenden Blüten effektvoll ab – eine Kletterpflanze für Menschen mit romantischer Ader.

Raffiniert im Zaum gehalten. Baumwolle, Furnierstreifen und Silberdraht sind die Zutaten für den modernen Auftritt einer Romantikerin.

Silberblatt und Perlen nehmen das Weiß der duftenden Blüten auf. So entsteht ein festlicher Schmuck, der auch besonderen Anlässen Glanz verleiht.

Pflegetipps

Standort: Hell aber nicht vollsonnig ist der bevorzugte Standort der Kranzschlinge. Fühlt sie sich einmal wohl, sollten Sie sie nicht umstellen, sonst wirft sie Knospen ab.

Pflege: Gießen Sie von Frühjahr bis Herbst sparsam mit kalkarmem Wasser. Im Winter nur so viel, dass die Pflanze nicht schrumpft. Im Sommer alle zwei Wochen mit Blütendünger düngen.

Blüte: Stephanotis betört im Sommer mit stark duftenden, wachsartigen Blüten, die doldenförmig zu mehreren in den Blattachseln sitzen. Eine kühle Ruheperiode im Winter verstärkt die Blühfreudigkeit.

Veränderliche Purpurtute

Syngonium podophyllum

Von Jahr zu Jahr verändert Syngonium podophyllum die Form seiner Blätter, das sorgte für seinen deutschen Namen. Bei jungen Pflanzen sind sie noch pfeilförmig, bei älteren werden sie mehr und mehr geteilt. Das Aronstabgewächs ist in Mexiko, Guatemala, El Salvador und Costa Rica zuhause. Als Zimmerpflanze wächst die Veränderliche Purpurtute kletternd bis überhängend.

Changierendes Grün bekommt einen eleganten Touch mit metallisch schimmernden Gefäßen und Accessoires. So edel kann Natur sein!

Pflegetipps

Standort: Syngonium podophyllum liebt einen hellen Standort. Aber auch mit relativ wenig Licht kommt es gut aus.

Pflege: Halten Sie die Pflanze das Jahr über gleichmäßig feucht und sorgen Sie mit mäßiger Düngung für ein gutes Wachstum.

Blüte: Wenn Sie Syngonium podophyllum eine Rankhilfe geben, klettert die Pflanze dorthin, wo Sie ihre grünen Blätter gerne haben wollen.

Lust auf einen Frischekick? Helles Grün und bemooste Holunderzweige unterstreichen den natürlichen Charme der Veränderlichen Purpurtute.

Greisenbart, Luftnelke, Tillandsie

Tillandsia cyanea

Ganz schön raffiniert! Auch wenn sie nicht blüht, sorgt die Tillandsia cyanea mit ihren bunten Hochblättern für einen Farbkick. Das Ananasgewächs stammt aus Südamerika und lebt in seinem natürlichen Umfeld meist epiphytisch, das heißt als Aufsitzerpflanze. Ein grüner Wohnungsgenosse, der als originelle Dekoration Furore macht.

Lässt tief blicken: Ein geschnürtes Mieder aus einem laminierten A4-Foto gibt den Blick auf die Tillandsie im granulatgefüllten Glas frei.

Die Natur hat die besten Farbkonzepte. Das Pink der Hochblätter liefert die Inspiration für die eckigen Gefäße und die Dekobänder, mit denen sie umwickelt sind.

Dieser Pokal ist ein Gewinn für jedes edle Wohnambiente. Gefüllt mit mehreren Tillandsien und veredelt mit „Medaillen" in Naturoptik bringt er jedes Heim in Siegerlaune.

Pflegetipps

Standort: Stellen Sie Tillandsia cyanea an einen hellen bis leicht sonnigen Standort.

Pflege: Halten Sie das Substrat mit kalkfreiem Wasser feucht und gießen Sie auch in die aus Blättern gebildete „Zisterne". Im Sommer alle zwei bis drei Wochen düngen.

Blüte: Bis zu zehn Wochen lang schieben sich im Winter nacheinander bis zu 20 bläuliche Einzelblüten aus den wie Schuppen angeordneten farbigen Hochblättern. Erst die Kindel blühen wieder. Die zentrale Blattrosette stirbt schließlich ab.

Für den extravaganten Wohnstil. Die Übertöpfe für die pinkfarbenen Schönheiten sind mit Metallspänen verkleidet. So wirken die Pflanzen alles andere als brav!

Henne mit Küken, Lebendblatt

Tolmiea menziesii

Wie eine Henne ihre Küken immer im Schlepptau hat, hat auch Tolmiea menziesii ihre „Kinder" dabei: Auf der Blattbasis wachsen die jungen Brutpflanzen, mit deren Hilfe sich die Pflanze vermehren lässt. Das Steinbrechgewächs das frisches Grün in jeden Wohnraum bringt, stammt aus küstennahen Wäldern in Nordamerika.

Kühles Metall und frisches Grün, dieser Kontrast wirkt klar und wohltuend. Das silberfarbene Gefäß und die hochglänzenden Kugeln lassen das Blattwerk der Tolmiea menziesii doppelt leuchten.

Leicht und schwer: Wie eine grüne Wolke legen sich die Blätter auf das Steingefäß und die Kiesel, die das Pflanzsubstrat abdecken.

Pflegetipps

Standort: Ein heller Standort ist ideal. Achten Sie aber darauf, dass die Tolmiea menziesii keine volle Sommersonne bekommt.

Pflege: Gießen Sie die Pflanze reichlich und düngen Sie sie regelmäßig. Im Winter benötigten sie weniger Wasser und Nährstoffe.

Extra: Die kleinen Brutpflanzen oder Kindel, die sich an der Blattbasis bilden, lassen sich mitsamt dem Blatt abnehmen. Drückt man sie leicht auf die Substratoberfläche, bilden sie schnell Wurzeln.

Silber-Dreimasterblume

Tradescantia zebrina

Das Blattmuster ist der Blickfang bei der Tradescantia zebrina. Auf der Unterseite sind die Blätter violett, von oben sind sie grün und mit zwei silbrig weißen Längsstreifen akzentuiert. Das Commelinengewächs aus Mexiko ist nicht nur etwas für den schlichten Blumentopf. Je nach Rankhilfe kann es klettern oder in die Tiefe ranken.

Doppelte Wirkung erzielen Gefäße, die Farbe, Formen oder Strukturen der Pflanzen aufgreifen, wie das Exemplar mit organisch wirkenden Längsrillen.

Streifen von Verpackungsmaterial sind wie ein Augenzwinkern für die klassische Kombination von weißem Übertopf und Pflanze. So schnell setzt man Trends in den eigenen vier Wänden.

Pflegetipps

Standort: Die schönsten Blattfärbungen entwickelt Tradescantia zebrina an einem hellen bis leicht sonnigen Standort.

Pflege: Achten Sie darauf, dass die Erde stets feucht ist. In den Sommermonaten sollten Sie die Pflanze vierzehntägig, im Winter etwa einmal pro Monat düngen.

Extra: Die langen Triebe können mit der Zeit im unteren Bereich kahl werden. Wenn Sie die Pflanze buschig halten wollen, knipsen Sie die Triebspitzen aus.

Vriesee

Vriesea Cultivars

Der Pep fehlt? Wie wäre es da mit einer Vriesee? Das Ananasgewächs setzt mit seinen knallbunten Ähren fröhliche Akzente und macht in verschiedenen Zuchtformen jeden Modetrend mit. Put your Jeans on!

Zugeknöpft? Die farbenfrohe Ähre in leuchtendem Gelb und Rot im Jeanskörbchen mit geflochtenem Henkel setzt lässige Akzente.

Flickenlook im Handumdrehen! Jeansstücke werden kreuz und quer auf einen Topf geklebt und lassen die rote Vriesee so richtig leuchten.

Im Doppel wirkt die Farbpower besonders stark. Dazu passen schlichte Tontöpfe, ganz glatt mit Jeansstoff bezogen – das ist fast schon wieder edel!

Die Blätter tragen Streifenlook, das ist das Kennzeichen des Flammenden Schwerts, Vriesea splendens. Trendig und frech wird's mit Jeansgürtel am Topfrand.

Pflegetipps

Standort Die Vriesea mag es hell und warm, verträgt aber keine pralle Sonne. Sie bildet ihre Blüten am besten an einem halbschattigen Platz aus.

Pflege: Im Sommer gleichmäßig feucht halten, auch in den Trichter gießen und die Pflanze besprühen. Düngen Sie höchstens 14-tägig.

Blüte: Aus den bunten Schutzblättern der Ähre schieben sich gelbe Blüten. Jede Vriesea blüht nur einmal, danach bilden sich aber Ableger, mit denen sich die Pflanze leicht vermehren lässt.

Zamioculcas zamiifolia

Es gibt sie tatsächlich, pflegeleichte Pflanzen, die, auch wenn die Bedingungen nicht optimal sind, zuverlässig wachsen und gedeihen. Zamioculcas zamiifolia gehört dazu. Mit seinem aufrechten Wuchs und seinen dunkelgrün glänzenden Blättern sorgt das Aronstabgewächs aus Ostafrika für Natur im Haus.

So passt's: Plättchen aus Moosgummi werden in Farben gewählt, die den Look der Einrichtung aufnehmen, und zieren den Glastopf.

Lang und schlank, der Wuchs der Zamioculcas lässt sich mit hohen Gefäßen und gefärbten Zweigen noch betonen.

Warme Terra-Töne und das dunkel glänzende Blattgrün der Zamioculcas zamiifolia holen Wohlfühlmomente in die Wohnung.

Natürliches Quartett: Holz, Rinde, grüne Zweige und Moos ummanteln die Pflanzgefäße. So entsteht in wenigen Minuten ein grüner Look mit Designambitionen.

Pflegetipps

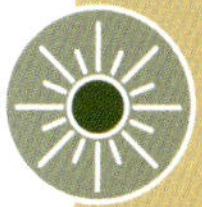

Standort: Zamioculcas zamiifolia liebt es hell, jedoch ohne pralle Sonne. Die Pflanze gedeiht aber auch an relativ schattigen Plätzen.

Pflege: In ihrer afrikanischen Heimat ist Zamioculcas zamiifolia eine Feuchtwaldpflanze. Deshalb verträgt sie viel Feuchtigkeit, kann aber auch trockene Phasen überstehen. Staunässe sollten Sie allerdings vermeiden. Nährstoffreiche Blumenerde versorgt sie mit allem Notwendigen, im Sommer können Sie die Pflanze mit einem Universaldünger düngen.

Blüte: In freier Natur trägt Zamioculcas zamiifolia weiße und grüne Blüten. In Zimmerkultur gelingt es nur selten, sie zum Blühen zu bringen.

Pflanzenregister

A

Agave Agave potatorum **6**, 7
Alokasie Alocasia sanderiana **8**, 9, 10, 11
Amaryllis Hippeastrum Cultivars **116**, 117, 118, 119
Aufrechter Schwertfarn Nephrolepis exaltata **144**, 145
Azalee Rhododendron simsii **182**, 183, 184, 185, 186, 187

B

Binsenkaktus Rhipsalis baccifera 7, **180**, 181
Bitteraloe Aloe vera **12**, 13, 14, 15
Blattbegonie Begonia Cultivars (Rex-Gruppe) **30**, 31, 32, 33, 34, 35, 146
Blaues Lieschen Exacum affine **92**, 93, 94, 95
Bleistifteuphorbie Euphorbia tirucalli **88**, 89, 90, 91
Blütenbegonie Begonia Cultivars (Elatior-Gruppe) **26**, 27, 28, 29
Bogenhanf Sansevieria trifasciata **192**, 193, 194, 195
Buntnessel Plectranthus scutellarioides **166**, 167, 168, 169

C

Chinesischer Roseneibisch Ficus retusa **112**, 113, 114, 115

D

Dendrobie Dendrobium Cultivars **64**, 65
Dickblatt Crassula pellucida **48**, 49
Dickblatt Crassula rupestris **52**, 53
Drahtstrauch Muehlenbeckia **138**, 139, 140, 141, 146
Dreieckiger Frauenhaarfarn Adiantum raddianum **4**, 5, 36

E

Echeverie Echeveria **70**, 71, 72, 73
Echeverie Echeveria agavoides 73
Echeverie Echeveria elegans 71
Echeverie Echeveria derenbergii 71, 72, 73
Echeverie Echeveria gibbiflora 70, 71, 73
Echeverie Echeveria runyoni 71
Echeverie Echeveria setosa **74**, 75
Echte Aloe Aloe vera **12**, 13, 14, 15
Echte Zimmerlinde Sparrmannia africana **208**, 209
Efeu Hedera helix 26, **110**, 111
Efeutute Scindapsus pictus 41, **200**, 201
Elatior-Begonie Begonia Cultivars (Elatior-Gruppe) **26**, 27, 28, 29
Elefantenfuß Beaucarnea recurvata **24**, 25
Elefantenohr Caladium bicolor **38**, 39
Engelsflügel Caladium bicolor **38**, 39
Erbsen am Faden Senecio rowleyanus **204**, 205, 206, 207
Erdbeerkaktus Gymnocalycium mihanovichii **108**, 109

F

Feige Ficus binnendijkii **96**, 97
Fetthenne Sedum burrito **202**, 203
Filzblatt Kalanchoe beharensis **126**, 127
Filzpflanze Kalanchoe beharensis **126**, 127
Fittonie Fittonia verschaffeltii 9, **100**, 101, 102, 103
Flammendes Käthchen Kalanchoe blossfeldiana **128**, 129, 130, 131
Flamingoblume Anthurium Cultivars **16**, 17, 18, 19, 20, 21
Fliegender Holländer Chlorophytum comosum **46**, 47
Frauenhaarfarn Adiantum raddianum **4**, 5, 36
Frauenschuh Paphiopedilum Cultivars **148**, 149, 150, 151, 152, 153

G

Gefleckte Efeutute Scindapsus pictus 41, **200**, 201
Geldbaum Crassula ovata **50**, 51
Gerunzelte Peperomie Peperomia caperata 9, 41, **154**, 155, 156, 157
Geweihfarn Platycerium bifurcatum **162**, 163, 164, 165
Gewöhnlicher Efeu Hedera helix 26, **110**, 111
Gewöhnlicher Geweihfarn Platycerium bifurcatum **162**, 163, 164, 165
Goldkugelkaktus Echinocactus grusoniii **76**, 77
Greiskraut Senecio rowleyanus **204**, 205, 206, 207
Grünlilie Chlorophytum comosum **46**, 47
Guzmanie Guzmania lingulata **104**, 105, 106, 107

H

Hängende Leuchterblume Ceropegia linearis ssp. woodii **42**, 43, 44, 45
Henne mit Küken Tolmiea menziesii **218**, 219
Hortensie Hydrangea macrophylla **122**, 123, 14, 125
Howeapalme Howea forsteriana **120**, 121

I

Indica-Azalee Rhododendron simsii **182**, 183, 184, 185, 186, 187

J

Jadestrauch Crassula ovata **50**, 51

K

Kalanchoe Kalanchoe beharensis **126**, 127
Kalanchoe Kalanchoe thyrsiflora **132**, 133
Kannenstrauch Nepenthes Cultivars **142**, 143
Katzenohr Kalanchoe tomentosa **134**, 135
Kentiapalme Howea forsteriana **120**, 121
Kleine Strahlenaralie Schefflera arboricola **198**, 199
Korbmaranthe Calathea **40**, 41
Korbmaranthe Calathea picturata 41, 146

Korbmaranthe Calathea rotundifolia **40**
Kranzschlinge Stephanotis floribunda **210**, 211
Kreuzkraut Senecio rowleyanus **204**, 205, 206, 207

L
Latex-Wolfsmilch Euphorbia tirucalli **88**, 89, 90, 91
Lebendblatt Tolmiea menziesii **218**, 219
Lebender Granit Pleiospilos nelii 137, **170**, 171, 172, 173, 174, 175
Lebender Stein Lithops **136**, 137
Leuchterblume Ceropegia linearis ssp. woodii **42**, 43, 44, 45
Luftnelke Tillandsia cyanea **214**, 215, 216, 217

M
Malaienblume Phalaenopsis Cultivars **158**, 159, 160, 161
Mauerpfeffer Sedum burrito **202**, 203
Melonen-Wolfsmilch Euphorbia meloformis **78**, 79
Mühlenbeckie Muehlenbeckia **138**, 139, 140, 141, 146

N
Nierenschuppenfarn Nephrolepis exaltata **144**, 145

P
Pfeilblatt Alocasia sanderiana **8**, 9, 10, 11
Poinsettie Euphorbia pulcherrima **82**, 83, 84, 85, 86, 87
Ponyschwanz-Klumpstamm Beaucarnea recurvata **24**, 25

R
Rippenfarn Blechnum gibbum **36**, 37
Ritterstern Hippeastrum Cultivars **116**, 117, 118, 119
Roseneibisch Hibiscus rosa-sinensis **112**, 113, 114, 115
Rutenkaktus Rhipsalis baccifera 7, **180**, 181
Rutenpalme Rhapis excelsa **178**, 179

S
Schiefblatt Begonia Cultivars (Elatior-Gruppe) **26**, 27, 28, 29
Schiefblatt Begonia Cultivars **30**, 31, 32, 33, 34, 35
Schildfarn Polystichum tsus-simense 4, 36, **176**, 177
Schlanke Braunrote Schlauchpflanze Sarracenia purpurea **196**, 197
Schlauchpflanze Sarracenia purpurea **196**, 197
Schmalblättriger Gummibaum Ficus binnendijkii **96**, 97
Schmetterlingsorchidee Phalaenopsis Cultivars **158**, 159, 160, 161
Schwertfarn Nephrolepis exaltata **144**, 145
Schwiegermuttersessel Echinocactus grusonii **76**, 77
Schwiegermutterzunge Sansevieria trifasciata **192**, 193, 194, 195
Silber-Dreimasterblume Tradescantia zebrina 171, **220**, 221
Silbernetzblatt Fittonia verschaffeltii 9, **100**, 101, 102, 103
Smaragdpeperomie Peperomia caperata 9, 41, **154**, 155, 156, 157
Sonnentau Drosera 69
Sprengers Zierspargel Asparagus densiflorus 'Sprengeri' **22**, 23
Steckenpalme Rhapis excelsa **178**, 179
Strahlenaralie Schefflera arboricola **198**, 199
Streifenfarn Asplenium antiquum 5
Sumpf-Rasierpinselbaum Pachira aquatica **146**, 147

T
Tillandsie Tillandsia cyanea **214**, 215, 216, 217
Tradeskantie Tradescantia 171
Tropenwurz Alocasia sanderiana **8**, 9, 10, 11

U
Usambaraveilchen Saintpaulia ionantha **188**, 189, 190, 191

V
Venusfarn Adiantum raddianum **4**, 5
Venusfliegenfalle Dionaea muscipula **66**, 67, 68, 69
Veränderliche Purpurtute Syngonium podophyllum **212**, 213
Vorhang-Feige Ficus microcarpa Var. microcarpa **98**, 99
Vriesee Vriesea Cultivars **222**, 223, 224, 225

W
Wassersalat Pistia stratiotes 69
Weihnachtsstern Euphorbia pulcherrima **82**, 83, 84, 85, 86, 87
Wolfsmilch Euphorbia procumbens **80**, 81
Wüstenkohl Kalanchoe thyrsiflora **132**, 133

Z
Zamioculcas Zamioculcas zamiifolia **226**, 227, 228, 229
Zierspargel Asparagus densiflorus ‚Sprengeri' **22**, 23
Zimmer-Alpenveilchen Cyclamen persicum **54**, 55, 56, 57, 58, 59
Zimmerlinde Sparrmannia africana **208**, 209
Zwergpfeffer Peperomia 156
Zypergras Cyperus **60**, 61, 62, 63
Zypergras Cyperus alternifolius 60, 61
Zypergras Cyperus haspan 63
Zypergras Cyperus papyrus 62

Bei der Benennung der Pflanzen sowie der botanischen und deutschen Schreibweise bezieht sich die Redaktion im Wesentlichen auf: Erhardt, Walter und andere: Der große Zander, Enzyklopädie der Pflanzennamen, Band 2, Ulmer Verlag, Stuttgart 2008. Teilweise sind weitere gebräuchliche deutsche Namen zusätzlich aufgeführt.

KW7/2€

Herausgeber BLOOM's GmbH

Floristische Leitung Klaus Wagener

Floristik und Styling BLOOM's Team

Text Susanne Mansfeld

Redaktion Karen Meier-Ebert, Susanne Mansfeld, Karl-Michael Haake

Fotos Patrick Pantze – Werbefotografie GmbH, Lage; Neudorff (1); Compo (1); Leni (2), Lechuza (1)

Grafik Design Mandy Schubert

DTP Gordian Jenal

Druck D+L Printpartner GmbH, Bocholt

Wollgrasweg 41, 70599 Stuttgart (Hohenheim)
E-Mail: info@ulmer.de
www.ulmer.de

1. Auflage 2011
ISBN-978-3-8001-7642-7

Klaus Wagener ist als Fernsehflorist und bisher einziger Deutscher, der den Titel „Weltmeister der Floristen" errungen hat, einer breiten Öffentlichkeit bekannt. Dank seiner Kreativität und seiner Begeisterung für das Gestalten mit Blumen und Pflanzen entwickelt er Jahr für Jahr neue Ideen, die jeden Raum schöner machen. Mit dekorativen Pflanzen und Accessoires schafft er wahre Wellness- und Entspannungsoasen.